# 非認知能力を育てる
# あそびのレシピ

0歳〜5歳児の
あと伸びする力を高める

大豆生田 啓友
大豆生田 千夏

kokoro library
講談社

# はじめに

　現代は、誰にとっても子育ての難しい時代です。その理由は第1には、子育てにおける母親の負担が大きな時代だからです。家事・育児の大半をひとりでこなさなければならない「ワンオペ育児」などという言葉も生まれるほどです。

　第2には、先が見えにくい社会だからです。AI（人工知能）社会を迎え、いまの子どもたちが大人になる頃には、いまある仕事の多くがなくなるとも言われています。つまり、親として何をしてあげることが、子の将来の幸せにつながるのかがわからない時代なのです。

　第3には、情報にあふれた社会だからです。インターネットをはじめとするメディアには、脳科学などに関する言葉が躍り、早期能力開発によって誰でも天才児になれるかのようなキャッチフレーズや、「こうすれば、こうなる」といった安易で誤解を招くような情報も多く、親はつい焦ってしまいます。しかも、実際はそうはうまくいかず、結果、情報を追えば追うほど親のストレスが高くなります。これらは、かつてはなかった現代という時代の悩みなのです。

　子育てにおいて、乳幼児期はとても大切な時期だと言われます。ですから、意識の高い親ほどより積極的に情報を得て、かえって悩んでしまうことがあるようです。乳幼児期の自分の子育て次第で、その子の将来が変わってきてしまうと思うからです。

　子どもにたくさんの習い事をさせる方も多いです。けれども、子どもがすぐに習い事をやめたいと言って苛立ったり、友達と比べて焦ったり、子どもの疲れた表情を見て本当にこれでいいのかと戸惑ったり……。それが実際に将来に役立つのかもよくわからないまま、悩みを抱えている親は少なくありません。けれども、乳幼児期に本当に大事なことって、たくさんの習い事をさせることなのでしょうか。

昨今、メディアなどでも大きな話題を集めている「非認知能力」という言葉があります。非認知能力とは、読み・書き・計算のように数値ではかることのできる学力などとは違った、心や社会性に関する力のことです。現在、さかんにこの非認知能力の重要性を示す研究結果が出始めているのです。それらの研究によれば、非認知能力を身につけたことの成果は、すぐに表れるのではなく、少しあとになって見えてくるというのです。そのため、「あと伸びする力」などとも呼ばれます。
　そこで、注目されているのが、子どもの主体性、そして「あそび」です。五感を通してあそび込むことが重要で、あそびを通して非認知能力が育つと言われています。それはどういうことなのでしょう。そもそも、昔の子どもは朝から晩まで外であそんでいました。原っぱをかけめぐり、近所の異年齢集団の中で、思いきりあそんでいたのです。
　しかし、いまはこうした経験がなかなかできません。週末に家族で出かけるのは、ショッピングモールや、アミューズメントパークなどではないでしょうか。それが悪いわけではありませんが、かつての子どもがしていたような五感を通した直接体験のあそびとは異なります。
「じゃあ、どうやってあそばせればいいのですか？」と多くの親たちから質問をされます。実は、多くの親たちが何気なく行っていることの延長に、あるいは少し意識してみると意外なほど身近なところに、あそびの題材があることに気づかされます。そして、ごく普通にやっていることが、とても大事なことに結びついたりもするのです。この本では、そんな日常にある「あそびのレシピ」をご紹介したいと思っています。
　第1部は、非認知能力を育てるあそびがなぜ大事なのかを理解していただくための理論編です。第2部は、たくさんのあそびをご紹介しています。子どもだけでなく、パパやママも幸せになるあそびのレシピです。

も く じ

はじめに —— 2
この本の使い方 —— 8

## 第1部 非認知能力(あと伸びする力)ってどう育てるの?

「非認知能力」って何? —— 9
「あと伸びする力」を育てること —— 11
アタッチメントが基盤 —— 応じてくれる大人の関わり —— 13
あそびが学び —— 2歳児の水あそび —— 14
「あそび込む」ことは、非認知能力につながる —— 16
「いたずら」も探索活動 —— 18
「しつけ」は大切? —— 20
絵本の読み聞かせの大切さ —— 23
「幸せ」になるということ —— 現在が幸せであるために —— 25
「非認知能力を育てる」子育てで大切なこと —— 27

# 第2部 非認知能力を育てるあそびのレシピ

## あそびのレシピ ① からだを動かしてあそぼう

- **あそび1** 「出したり、入れたり」するあそび —— 30
- **あそび2** 「運ぶ」あそび —— 36
- **あそび3** 「のぼったり、おりたり」するあそび —— 40
- **あそび4** 屋外でからだを動かすあそび —— 44
- **あそびを豊かにする脇役❶**「段ボール」—— 34
- **あそびを豊かにする脇役❷**「バケツ」—— 38
- なぜ、外あそびが大切なの？ —— 46

## あそびのレシピ ② 自然とあそぼう

- **あそび1** 散歩の楽しみ方 —— 48
- **あそび2** 植物であそぶ —— 51
- **あそび3** 生き物とふれあう —— 56
- **あそび4** 水であそぶ —— 60
- **あそび5** 空を眺める —— 64
- **あそびを豊かにする脇役❸**「ビニール袋」—— 54
- 自然あそびは、科学者のようになること！ —— 66

## あそびのレシピ ③ 「作る」あそび

- あそび1 　何でも「わたしの作品」に！ ── 68
- あそび2 　お絵かきしよう ── 70
- あそび3 　身近なもので作る① 廃材を利用しよう ── 74
- 　　　　　身近なもので作る② 日用品を利用しよう ── 80
- 　　　　　身近なもので作る③ 自然のものを使おう ── 82

あそびを豊かにする脇役❹ 「ひも・毛糸」── 86

何もないところから生み出す創造する力 ── 88


## あそびのレシピ ④ 「なりきって」あそぶ

- あそび1 　お出かけごっこ ── 90
- あそび2 　おうちごっこ ── 92
- あそび3 　おままごと ── 94

あそびを豊かにする脇役❺ 「布」── 96

想像できる世界を持てることってすごい！ ── 98

## あそびのレシピ ⑤ 絵本を楽しもう

- **あそび 1** 絵本でつくる親子の時間 —— 100
- **あそび 2** 絵本から広がる世界 —— 102
- 絵本のおもしろさに出会うために —— 104

## あそびのレシピ ⑥ 大人と一緒のあそび

- **あそび 1** 赤ちゃんとあそぼう —— 106
- **あそび 2** 「ふれあう」あそび —— 108
- **あそび 3** 「まねっこ」あそび —— 112
- **あそび 4** 「お手伝い」をあそびに —— 114
- **あそび 5** おじいちゃん、おばあちゃんとあそぶ —— 116
- **あそび 6** 街を見に行こう! —— 118
- **あそび 7** 季節の行事を楽しもう —— 120
- コミュニケーションの大切さ —— 122

おわりに —— 123

子育てをもっと豊かにするために
おすすめのあそび場、本など —— 126

# この本の使い方

● この本は長年、乳幼児の教育・保育や子育て支援の現場にたずさわってきたふたりの著者による、子どもたちの「非認知能力」を育むための、育児書です。

● この本は、子育てにたずさわるすべての方々に向けて書かれています。ですから、現在、育児中のお父さん、お母さんだけでなく、これから親になる方やおじいちゃん、おばあちゃんのほか、保育士や幼稚園教諭などを務める方々にも使っていただける内容です。

● 内容は、大きく「第1部」と「第2部」に分けました。「第1部」では、この本の核となる「あと伸びする力＝非認知能力」とはいったいどのような能力なのか、ということを、乳幼児教育学の最前線にいる著者、大豆生田啓友氏がわかりやすく解説しています。「第2部」では、子育て支援の現場で親子に向き合ってきた大豆生田千夏氏が、豊富な経験をもとに、実際に「非認知能力」を育むためには、どのような「あそび」をしたらいいのか、そしてそのことにはどのような意味があるのか、といったことを、具体的な「あそびのレシピ」を通してご紹介しています。

● どこから読んでいただいても大丈夫です。目下、子育て真っ最中、という方は、どうぞ「あそびのレシピ」の、いまのお子さんの月齢に合った部分からパラパラと読んでみてください。そして、読み応えのある「第1部」は、夜、お子さんが眠った後などのゆっくりと時間が取れる時、じっくりと読んでください。きっと、子育てへの勇気を与えられると思います。

● 参考になると考えた子どもの施設や、おすすめのあそび場、本などを巻末にご紹介しています。

# 第 1 部

# 非認知能力（あと伸びする力）ってどう育てるの？

大豆生田 啓友

## 「非認知能力」って何？

　最近、しばしば話題になる「非認知能力」という言葉を耳にして、「それって何のこと？」と思われている方もいらっしゃるかもしれません。この言葉が知られるようになった背景には、ノーベル経済学賞を受賞したジェームズ・J・ヘックマン教授らの研究[*1]があります。50年以上前のアメリカで始まり、その後40年にわたって追跡調査が行われた研究で、質の高い幼児教育・保育を受けた子どもとそうでない子どもとでは、その後の学歴や収入などに大きな違いが生じたというものです。

　「ペリー就学前プロジェクト」と言われるこの研究調査は、アメリカのミシガン州の低所得者層の58世帯の幼児に対して実施されました。そこからわかったことは、このプログラムを通して、大人から優しく対応された経験をして、がんばろうとする意欲や感謝の気持ちといった「非認知能

---

[*1] ジェームズ・J・ヘックマン著、古草秀子訳『幼児教育の経済学』（東洋経済新報社、2015年）

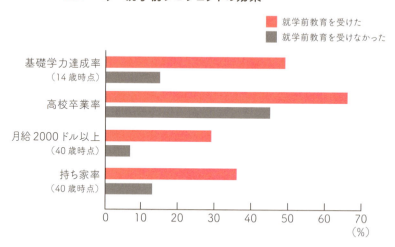

図1 ペリー就学前プロジェクトの効果

力」が育まれた子どもたちは、14歳時点での基礎学力の達成率や高校卒業率、40歳時点での収入、持ち家率の高さなどの点で、高い成果を得ているということでした（図1）。さらに、教科学習の先取りを行って高いIQを得たとしてもそれは短期的なもので、その数年後には早期教育を受けなかった子に追いつかれることが多いことも明らかになりました。つまり、**就学前教育を受けた子どもたちが獲得した能力の中で、長期的に持続したのは「非認知能力」で、それこそが、将来の成功につながる重要な能力**だということがわかったのです。

# 「あと伸びする力」を育てること

「非認知能力」とは、簡単に言えば、読み・書き・計算などの「認知的能力」でない力、あるいは数値化しにくい能力のことです。「社会情動的スキル」とも言われ、OECD（経済協力開発機構）によると、「**目標の達成**（忍耐力、自己抑制、目標への情熱）」「**他者との協働**（社交性、敬意、思いやり）」「**情動の制御**（自尊心、楽観性、自信）」のことです（図2）。より具体的には、**何かに熱中・集中して取り組む姿勢、自分の気持ちをコントロールできること、他者とうまくコミュニケーションできること、自分を大事に**

**図2 認知的スキル、社会情動的スキルのフレームワーク**

**認知的スキル**
・知識、思考、経験を獲得する精神的能力
・獲得した知識を基に解釈し、考え、外挿する能力

**社会情動的スキル**
(a) 一貫した思考・感情・行動のパターンに発現し、(b) フォーマルまたはインフォーマルな学習体験によって発達させることができ、(c) 個人の一生を通じて社会・経済的成果に重要な影響を与えるような個人の能力

| 基礎的認知能力 | 獲得された知識 | 外挿された知識 | 目標の達成 | 他者との協働 | 情動の制御 |
|---|---|---|---|---|---|
| ●パターン認識 | ●呼び出す | ●考える | ●忍耐力 | ●社交性 | ●自尊心 |
| ●処理速度 | ●抽出する | ●推論する | ●自己抑制 | ●敬意 | ●楽観性 |
| ●記憶 | ●解釈する | ●概念化する | ●目標への情熱 | ●思いやり | ●自信 |

池迫浩子、宮本晃司著、ベネッセ教育総合研究所訳「家庭、学校、地域社会における社会情動的スキルの育成：国際的エビデンスのまとめと日本の教育実践・研究に対する示唆 OECD」（2015年）より

思えること、といった力のことなのです。乳幼児期にこうした非認知能力を育むことが、成長後の心の健全さや幸福感を高め、社会的・経済的効果を高めると考えられるのです。**その成果は、その時すぐにではなくあとになって出てくることから、「あと伸びする力」とも言われます。**どうも、大切なことは目に見えにくいようです。

　現在、OECD がその重要性について研究を進めるなど、「非認知能力（＝社会情動的スキル）」に世界的な注目が集まっています。日本でも、幼稚園教育要領、保育所保育指針、幼保連携型認定こども園教育・保育要領が改定・改訂され、どこの園でも非認知能力（学びに向かう力、人間性など）を育てることを重視しています。非認知能力とは、主体的、対話的に学んでいく力（アクティブ・ラーニング）や、やり抜く力といった、小学校以降の学びの場だけでなく、生きていくうえで重要な力となるあらゆるよい資質を含んでいるのです。

　AI 時代に突入し、21 世紀のこれからの社会は大きく変化すると言われています。求められる仕事内容も大きく変わり、**これまでの暗記型の知識はあまり生きてこなくなるでしょう。そうした中で、ますます非認知能力が注目されるのは、当然のことなのです。**

## アタッチメントが基盤
――応じてくれる大人の関わり

　では、どうしたら「非認知能力」が育つのでしょうか。第１に大切なことは、大人に愛されて無条件に受け入れられるという経験を赤ちゃん時代から得ることです。精神医学や心理学の分野では「アタッチメント」と呼ばれるものです。アタッチメントとは「不安な時に特定の大人にしっかりとくっつくことで、確かな安心感を得て、その中で形成される情緒的な絆」のこと。つまり、親など身近な大人との**基本的な信頼感を持つことが何よりも大事なのです**\*2。

　具体的に言えば、泣いている子どもに対して、抱っこしてあげたり、「つらいね」と言って共感して語りかけたりして、子どもをあやすことも親子間のアタッチメントの形成につながる行為です。子どもは自分の不安な思いを受け止めてくれる大人がいることで、自分の気持ちを立て直すことができるようになっていきます。これは、多くの親が自然に実践できていることなのではないでしょうか。実は、子育てで大切なことは、意外と当たり前のことなのです。

　ある子育て番組でこんな場面がありました。保育園で１歳の男の子がズボンをはかないと駄々をこねています。あ

---

\*2　遠藤利彦著『赤ちゃんの発達とアタッチメント――乳児保育で大切にしたいこと』（ひとなる書房、2017年）

まりごねているので、保育士はしばらく様子を見ることにしました。すると、その子が隣の０歳児の部屋の見えるテラスに出て行ったので、声をかけました。「赤ちゃん、泣いているね。いい子いい子してあげようか」と。すると、その子は「うん」と言って、赤ちゃんに「いい子いい子」します。保育士が「赤ちゃん、よろこんでるね」と話すと、男の子は笑って「うん」と答えます。そこで、保育士はさらに「お部屋に戻って、ズボンはいちゃう？」と聞くと、にっこりうなずいて、自分からズボンをはきだしたのです。

**子どもはありのままの自分を温かく受け止めてくれる大人がいることで、自分の気持ちをコントロールして、自発的に物事に取り組むようになります（自己抑制）。**自分の気持ちに応じてくれる大人がいることがとても大切なのです。もちろん、いつも受け入れてばかりもいられませんが、子どもの気持ちに寄り添う関わり方が、子どもの非認知能力を伸ばすことにもつながるのです。

## あそびが学び ── ２歳児の水あそび

「非認知能力」を育むために大事な、もうひとつのことが「あそび」です。たかが「あそび」、されど「あそび」なのです。「あそび」と言うと、「勉強」や「習い事」でないもの、つま

りは子どもの力を伸ばすことに結びつかない行為をイメージする方もおられるかもしれませんが、違います。子どもが夢中になる時、「あそび」は豊かな「学び」となるのです。

　ある保育園での水あそびで、２歳の子どものこんな姿がありました。その男の子はペットボトルに水を入れてはまき散らしてあそんでいます。でも、途中から何かひらめいた様子で、ペットボトルに水を入れた後、そこに葉っぱをいっぱい詰め込んで、逆さにしてみたのです。葉っぱを入れたらどう水が出てくるかの実験です。ところが、葉っぱが詰まって出てこない。すると、彼は工夫を始めました。ペットボトルを振ったり、転がしたり……。そして最後には、小枝を拾い、それを中にぐっと突っ込んでみたのです。すると、葉っぱは中に押され、水が出てきました。彼はにっこり笑いました。

　これは、小学校などで取り組む「問題解決学習」そのものです。**夢中であそんでいる子は、実は、「問い」を持っていたり、「探究」したりといった「学び」を実践しているのです。これが「アクティブ・ラーニング」です。**子どもの興味・関心、意欲などを大事にするあそびは非認知能力を育てるだけでなく、知的好奇心の育ち、つまり、認知能力にもつながります。**非認知能力を育むことで、「知る」という認知能力も伸びていくのです。**

# 「あそび込む」ことは、非認知能力につながる

　乳幼児期のあそびの重要性はいくつかの研究で明らかになっています。ある研究では、先取り準備教育を行う一斉保育型の園と、子どもの主体性を大事にする自由あそびが多い園の子どもの読み書きや語彙力の比較調査を行い、自由あそびが多い子のほうが、語彙得点が高いという結果を報告しています（図3）。子どもの主体性や多様な直接体験、興味・関心を尊重していることなどが、語彙力の伸びにつながっているのだろうと考えられます。ちなみに、語彙力はその後の学力の重要な基盤となる可能性が指摘されている重要なものです。

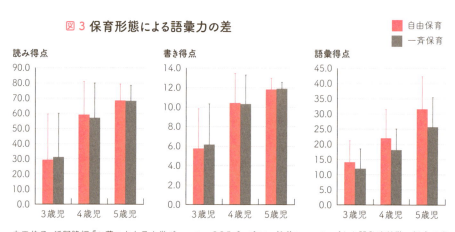

図3 保育形態による語彙力の差

内田伸子、浜野隆編『お茶の水女子大学グローバルCOEプログラム　格差センシティブな人間発達科学の創成　2巻　世界の子育て格差―子どもの貧困は超えられるか』（金子書房、2012年）より

ベネッセ教育総合研究所の保護者への調査*3でも、あそび込むことが、その後の「学びに向かう力」につながることが明らかにされています。保育園や幼稚園で「あそび込む経験」をしたと感じることが、子どもの好奇心やがんばる力につながる、つまり、非認知能力が高いという結果となっているのです。

　さらに、運動能力の発達においても、あそびが重要ということがわかっています*4。一斉の体育指導をしている園よりも、自由な外あそびをたっぷりしている園のほうが、子どもの運動ポイントが高いという調査結果があるのです（図4）。親としては、運動能力を鍛えるためには、たとえば体操教室にたくさん通わせたりすればよい、などと思いがちですが、実は、子どもがワクワクしながら、**たっぷり「外**

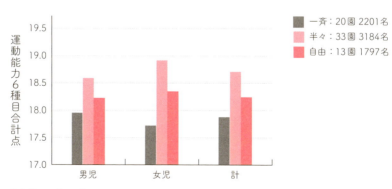

図4 **幼稚園の保育形態別に見た運動能力の比較**

*3　ベネッセ教育総合研究所「園での経験と幼児の成長に関する調査」（2016年）
*4　杉原隆ほか「幼児の運動能力と運動指導ならびに性格との関係」（『体育の科学』60巻5月号、杏林書院、2010年）

あそび」する経験のほうが、運動能力を高めるうえでむしろ効果的なのです。それは、あそび重視の園では、あそびを通して、子どもが自然にさまざまな動きを行っていることによると考えられています。子どものやりたいという意欲を大切にしながら、結果的に多様な種類の動き（のぼる、おりる、這う、くぐる、ぶら下がる……）を、たっぷりと時間をかけて行っているからなのです。

　このように、あそびが重要な「学び」であることが、さまざまな視点から明らかにされつつあります。大人から強制的にさせられることより、**主体的に、自分でやろうとして、できたと感じる達成感（成功体験）が得られることのほうがよりよい学びとなる**のだと言えます。

## 「いたずら」も探索活動

　けれども、家庭の子育てでは、家の中で自由にあそばせておくと、「いたずら」が出てきて、困ってしまうことも多いでしょう。ティッシュペーパーを箱から出してしまったり、なんでも投げてしまったり……。「しつけ」としてなっていないのではないかと思い、ついつい「ダメ」と叱ってしまうことも多くなるかもしれません。3歳を過ぎたのに、うちの子は家で工作ばかりとか、ヒーローごっこばかりで、こ

んなふうでいいのかと思い悩んでしまうこともあるでしょう。

　子どもの「自由なあそび」は時として、親としては困ること、悩ましいことかもしれませんが、子どもにとってはすべて大切な経験です。**多くのあそびは子どもにとっては、重要な「探索活動」なのです**。保育の専門家はみんな知っています。「これどうなっているんだろう？」「こうしたらどうなるのかな？」と、子どもなりに試したり、工夫したりしているのです。それでも、ティッシュペーパーを出されたりDVDを散らかされたりするのは、確かに困ります。そういう場合、子どもにふれてほしくないものは、子どもの手の届かないところに置き、自由に使わせても親が困らない代わりのものを出してあげればいいのです。

　空き箱での工作に没頭することも、とてもいいことです。廃材というゴミにしかならないものから、新たな意味あるものを生み出しているのですから。つまり、子どもの創造力が育まれているということです。ヒーローごっこやお姫さまごっこに夢中になることも、空想の世界に入ることで想像力を高めることにつながりますし、ごっこあそびに端を発して、あそびに使うグッズを作ったり、絵を描いたりおはなしを考えたり、そして友だちとつながったりなどと、非認知能力を培う大切な経験をすることができるのです。

親からしてみれば、あそびの偏りが気になるかもしれません が、**小さな頃に何かに夢中になった経験が、ある時期になると、別の興味に向かい始める原動力になったりもする**ものです。ですから、まずは、子どもが大好きで夢中になっているあそびを大事にしてあげてほしいのです。

## 「しつけ」は大切？

そうは言っても、「しつけ」も大切なのでは？　という声が聞こえてきそうです。子どものイヤイヤ期にしっかりとしつけておかないと、「わがまま」な子になってしまうのではないか、といった相談をよく受けます。

最近では、「マシュマロテスト」の結果などもよく知られるようになり、「早いうちから、がまんができる子にしつけなければいけないのでは？」との相談も持ちかけられます。マシュマロテストとは、「1個のマシュマロを食べずに一定時間がまんできたら、もう1個マシュマロをもらえる」という条件を与えられた4歳児がどうするか、というスタンフォード大学での実験。この実験でがまんができて2個目をもらえた子は、その後、成長してからもがまんする力を持ち続けており、大学進学適性試験のスコアも高いということが追跡調査で明らかになったのです。

それでは、がまんする力はどのようにして育まれるのでしょうか。厳しいしつけはむしろ効果的ではないとも言われます。それは、厳しく叱られるだけでは、怒られるのが怖いからしたいことをしないだけで、本質的に自分の気持ちをコントロールできているわけではないからです。ここで言うがまんする力とは、自分の感情をコントロールする力とも言い換えられます。大切なのは、自分の気持ちを自分でコントロールできるようになることなのです。

　だから、スーパーマーケットで「買って！」と泣き叫ぶ子どもに、「じゃあ、そこに置いていくからね！」と言っても、子どもは置き去りにされる恐怖から買ってもらうことをあきらめることはあっても、主体的に気持ちを切り替えることはできていません。それよりは、「今日はいっぱい歩いてがんばったから、おうちに帰ってアイスを出してあげちゃおうかな」といったように、気持ちを切り替える選択肢を出すほうが、自分の気持ちを自分でコントロールするきっかけになるのです。

　あるいは、満足するまで十分にあそんだ子は、気持ちを切り替えて、次のことをしようとします。だから、「まだ、あそびたい」とごねる子を前にした時、もし可能であれば、「じゃあ、もう少し待ってるね。でも、お買い物があるから、

もう楽しんだからいいよって思ったら、おしえてね」などと、子どもが自分で決める機会を与えると、突然「いいよ」と気持ちを切り替えることもあるものです。**つまり、もっとも大切で有効な「しつけ」とは、厳しく叱ったりすることではなく、毎日の生活の中で、子どもが自分で自分の気持ちを切り替えることができるように、お手伝いしてあげることなのです。**

　最近のさまざまな研究で、非認知能力の中でも、自己制御（自己調整力）がとても大切だということがわかっています。とは言え、イヤイヤ期や乳幼児期の子どもは、なかなか気持ちがおさまらないものです。嵐が過ぎる時をゆっくり待ちましょう。**子どもにとってはこの時期に、イヤイヤの思いを丁寧に受け止めてもらえることが大切で、その時にうまく気持ちがおさめられなくてもいいのです。長期的に見れば、そこで自分の気持ちをわかってもらえる大人がいることが大切です。焦らず、ゆっくり、「まあいいか」くらいの気持ちで見守ってあげましょう。**

## 絵本の読み聞かせの大切さ

　ここまで話を進めてくると、「じゃあ、幼児期は伸び伸びとあそばせていれば、それだけでいいってこと？」という話になるかもしれません。そうですね。ぜひ、思う存分、伸び伸びとあそばせてください。けれども、ただあそばせるだけではなく、豊かな文化にふれることも大切です。あそびの中でも、子どもがたくさんの文化にふれることで、あそびは豊かなものとなり、それが「非認知能力＝あと伸びする力」につながるのです。

　たとえば、絵本の読み聞かせ。イギリスで始まり、日本にも広がった「ブックスタート」運動は、赤ちゃんが生まれた家庭に、自治体から何冊かの良質な絵本が届けられるというものです。これは、絵本という豊かな文化を介して、赤ちゃんの頃から親子のコミュニケーションを育んでいくことを後押しする運動です。よく、これを誤解して、小さいうちから絵本をたくさん読ませようとしたり、早くひとりで読めるようにと考えたりする方がいますが、それは根本的に発想が違うのです。

　**大切なことは、子どもが親と一緒に絵本を楽しむことです。親子のコミュニケーションを通して、自分が愛された**

**という信頼感が形成され、自尊心の確立にもつながります。**さらに、大好きなお母さんやお父さんに読んでもらう絵本を通して、物語の世界が大好きになり、何度も読んでほしいと言うようになります。そこではたくさんの言葉にも触れ、想像力や語彙力が高まると言われています。それは、**学齢期になって本好きになることにつながり、学ぶ力の基盤にもなります。ただし、絵本を「お勉強」として与えるのではなく、親子で絵本という文化を一緒に楽しむという関わり方が大切なのです。**

　この本では、たくさんの「あそびのレシピ」を紹介しています。からだを動かすあそび、コミュニケーションするあそび、自然のものに関わるあそび、言葉を介したあそび、アートするあそび……。この本を通じて、きっと、豊かなあそび文化に出会うことができるでしょう。けれども、そもそも、子どもたちがいつも夢中になっているあそびの中にも、豊かな文化と言えるものがたくさんあるのです。まずは、「我が家流」の大切さを見直すことから始めてみてはいかがでしょうか。

# 「幸せ」になるということ
## ──現在が幸せであるために

　この本を手に取られた方の中には、もしかしたら「非認知能力さえ育てれば、うちの子も将来、有名な大学に行き、よい就職をして、幸せな人生を送れる」と思われる方もおられるかもしれません。事実、非認知能力がその後の成長・成功につながることがさまざまな研究から報告されていますが、ひとりひとりの子どもすべてがそうなると言っているわけではありません。人の成長や幸せは、それほど単純なものではないのです。

　「幸福学」研究における日本の第一人者である前野隆司氏は、研究の成果として「幸せの四つの因子」を明らかにしています*5。①「やってみよう！」因子（自己実現、自分が社会の役に立っている感）、②「ありがとう！」因子（愛されている実感、人に感謝し、親切にしたいという思い）、③「なんとかなる！」因子（楽観的、気持ちの切り替えができる）、④「あなたらしく！」因子（他者と自分を比べない、自分自身のことがわかり、自分を持っている）です。これは、チャレンジしようとする意欲や信頼感を育むこと、自尊心を確立することが幸せにつながるという、これまで

---

*5　前野隆司『幸せのメカニズム 実践・幸福学入門』（講談社現代新書、2013年）

話してきた非認知能力の大切さについての考えと共通します。

　けれども、この話は、「いまこうしておくと、将来こうなる」という、「未来の幸せ」よりも、いま現在、意欲的に過ごせたり、他者と豊かに関われたりすることがまず大切なのだと示していると考えたほうがよいのではないでしょうか。それは、子ども時代だけでなく、大人になっても大切なこと。**人の育ちは、乳幼児期だけで決まってしまうものではありません。人は生涯、発達すると言われます。非認知能力は人の生涯のどの時期にも重要なのです。**だから、「うちの子、小学生だからもう遅い」などと思う必要はないのです。いつの時期においても、人は非認知能力という**大切な力を育み、発揮することができるのですから。**

　つまり、将来のために非認知能力を育てることを考えるのではなく、子ども時代の現在の毎日が満たされるために、子どもに向き合うことが大事です。その結果、子ども時代の「現在の幸せ」が、その後の幸福感につながっていく可能性があるのです。

# 「非認知能力を育てる」子育てで大切なこと

「非認知能力」を育てるうえで特に大切なポイントとして、おおよそ次の6点が考えられます。

❶ 親子のスキンシップや甘えなどを通して、心の安心基地を作る。
❷ 子どもの個性（その子らしさ）や主体性（自己決定）を大切にする。
❸ 子どものがんばっている姿をほめ、小さな成功体験を大切にするなど、自己調整力を育てる。
❹ 多様なあそび体験を通して、好奇心を持ったり、夢中になる経験をする。
❺ 外あそびを通して、多様にからだを動かしたり、自然にふれたりする経験をする。
❻ 絵本の読み聞かせを通して、コミュニケーションや言葉への興味を大切にする。

 では、具体的には何をしたらいいのでしょうか。これまでも、この第1部で述べてきたようなことが大切ですとあちこちでお話をしてきました。でも、その後の質問で、「具体的には何をしたらいいのですか？」と聞かれることがたびたびありました。そこで、第2部では具体的に「あそび」

をご紹介していきます。読んでいただければおわかりになるように、多くの親子が当たり前にやっているようなあそびです。実は、子どもがよくやるような当たり前のあそびこそが大切なのです。

けれども、誤解しないでいただきたいのは、「このあそびをすれば、非認知能力（あと伸びする力）が育つ」と図式化できるほど、人の育ちは単純なものではありません。これらは、あくまでも一例です。多様なあそびを通して、上記の6つのポイントなどの経験が積み重なる中で、次第に「非認知能力」の素地ができていくのだと考えられます。もちろん、子どもの性格やタイプはそれぞれに異なります。ですから、みんなが同じように育っていくわけではないのです。

子どものタイプによっては、ここでご紹介しているあそびに乗らない子もいると思います。それは、その子の個性ですから「これであそばないからダメだ」などと考えないでください。そして、無理にそのあそびをさせないようにしてください。その子に合ったあそびや関わりがきっとあるはずです。それを、一緒に探していってあげることが大切なのです。この本を「子育てを楽しむためのあそびの提案」というように捉え、活用して、子どもと大人が幸せな時間を持っていただければ幸いです。

第2部

## 非認知能力を育てるあそびのレシピ

あそびのレシピ ①

# からだを動かしてあそぼう

## あそび1 「出したり、入れたり」するあそび

### 「いたずら」って言わないで！
#### 探求心と脳の発達と、次の活動へのステップ

赤ちゃんは「出したり、入れたり」することが大好きです。ティッシュペーパーを箱から出したり、カバンや財布など目についたものを開けては、中に入っているものをひたすらに出す時期が続き、やがて入れることもできるようになります。「出す」ことよりも「入れる」こと、「つかむ」ことよりも「離す」ことのほうが難しいのです。はじめは物をぎっちり握って離せなかった手も、だんだんにねらい通りの場所で離せるようになってきます。手を使えば使うほど、その運動機能も、そして脳も発達します。

### どんな意味があるの？

出し入れすることで運動機能や脳が発達するだけでなく、赤ちゃんは知的好奇心旺盛に、いまの自分の力を使って周囲に働きかけています。「世の中におもしろいものがある」と出した小さな手、その気持ちをできる限り尊重してあげましょう。

全部出してるし……

### 先輩ママはどうしてた？
- まとめてビニール袋に入れて使いました。
- もったいないので、一枚一枚たたみ直して使いました。
- 子どもから見えないところにティッシュペーパーの配置を変更。
- ティッシュペーパーの空き箱にウエス（古布）を入れたら、楽しそうにあそんでたよ。

あそびのレシピ① からだを動かしてあそぼう

こういう場合、「ダメ！」と一方的に言っても赤ちゃんは泣くだけ。お互いにあまりいいことはなさそうです。

せっかくたたんだのに……

## どんな時でも楽しめる「出し入れ」あそび

> **ヒント**
>
> ### 「特別なもの」で出し入れ
>
> 子どもは、"特別"が大好きです。普段はあまり大人がさわらせてくれないもの、自分のおもちゃではないものを、"特別に"渡してもらうと、がぜん興味が湧いてきて、黙々とあそんでくれたりします。大人が手を離せない時、「じゃあ特別ね」と言って、渡してあげるといいでしょう。ただし、誤飲にはくれぐれも気をつけましょう。

### ヒント
### 子どもの「マイバッグ」

ママのカバンに手を出すようになったら、子どもにも「マイバッグ」をあげてみましょう。リュックに好きなアイテムを入れてお出かけの時に持たせてあげると◎。

子どもは大人が見ていない間に、とんでもないものに手を出していたりします。危ないものは手の届かない所へ。

### ヒント
### テッパンおもちゃ「マイお財布」

子どもは本当にお財布が大好きです。いらなくなったお財布に、お札のように切った紙や不要なポイントカードなどを入れれば「マイお財布」のできあがり。

あそびのレシピ①からだを動かしてあそぼう

**ヒント**

## お風呂でこぼし放題！

ペットボトルの中身を移し替える、という行動は多くの子どもに見られます。リビングを水浸しにされては困るけど、お風呂なら大丈夫。いろいろな大きさの容器を揃えて（リサイクル容器でOK）、思う存分やらせてあげましょう。

## 「出し入れ」おもちゃを手作りしよう！

ぽっとん落としのおもちゃなどは市販のものもありますが、家にある材料で簡単に作れます。シールなどで子どもと一緒にデコレーションしても楽しいですよ！

### ストロー落とし

長めに切ったストローを、ペットボトルの容器に入れるだけのあそび。単純ながら、子どもたちは大好きです。カラフルなストローを選んで、「あか」「あお」など、色を言いながらあそんでも楽しいですよ。

**用意するもの**
・ストロー
・ペットボトル

### ぽっとん落とし

ペットボトルのフタを2つ、マスキングテープなどで貼り合わせます。箱やプラスチックのコンテナ型保存容器などのフタの部分を、ペットボトルのフタの大きさに切り抜いて、その穴に落としてあそびます。貼り合わせたフタはおままごとなどでも大活躍。

**用意するもの**
・ペットボトルのフタ
・フタのある容器

＊小さなものを、お子さんが口に入れて飲み込んでしまわないように、注意しましょう。

# あそびを豊かにする脇役 ❶
# 「段ボール」

## 出したり、入れたり
## 出たり、入ったり

子どもは、箱やカゴ、衣装ケースなどいろいろなところに入るのが好きですね。段ボールはさまざまなものに変化し、最後には捨てることのできるとても優秀なあそびの素材。ぜひ捨てる前にひとあそびさせてあげてください。子どもの様子と段ボールの大きさを見て、何に変身させるか手を貸してあげるといいでしょう。手の込んだ細工は必要ありません。

お気に入りのお人形の
おうちにもなる。

子どもは「箱に入る」のが大好き。
大きな段ボールはもれなくお風呂に。

段ボールをつなげて、トンネルごっこ。向こう側から大人が顔を出すと、楽しいあそびに。

なんでも箱に入れて運ぶ。

### ヒント
**取っ手をつける**

箱に取っ手をつけるだけで、あそびの幅がぐっと広がります。持ち運びにも便利なので、ぜひ、このひと手間はかけてあげましょう。

### 丈夫でかわいい「自分だけの箱」を作ろう！

段ボールはすぐに壊れたり、へたったりしてしまうのが残念なところ。子どもが思いっきり出たり入ったりできるように、丈夫な「自分だけの箱」を作ってあげることをおすすめします。子どもが入れるくらいの大きさの段ボールを用意。内側にボール紙を貼って、厚みを出します。さらに全体に新聞紙を二重に貼り、その上から和紙で補強。数日間おいてよく乾かします。最後にお気に入りの布を貼ったらできあがり！

**用意するもの**
- 段ボール、ボール紙
- 新聞紙
- 和紙（または障子紙）
- 障子貼り用のり
- 接着剤
- 布

### あそび2 「運ぶ」あそび

## 「じぶんでもっていくもん！」
### 子どもと世界をつなぐ「運ぶ」という行為

しまってあるものをせっせと運んで1ヵ所に山積みにしたり、お出かけリュックに親には必要がないと思われるものばかり入っていたり、一日中"働き続ける"我が子に、家の片づけが追いつかないという時期があります。こうした「運ぶ」行為には、時に運ぶ「道具」をともないます。人類は道具の使用によって進化してきました。それぞれの手にはひとつずつしか持てなくても、道具を使えば一度にたくさん運ぶことができます。たくさん運べることは、子どもにとってうれしいことなのです。

### どんな意味があるの？

「運ぶ」あそびは、運んだ先に目的や届けたい人がいます。届けた人によろこんで受け取ってもらえたり、運んだ先でお店屋さんごっこが始まったり。運ぶという動きによって子どもの世界はつながりを持って大きく発展していくのです。

### 先輩ママはどうしてた？
・お買い物には子ども用のマイバッグを持たせてあげました。
・三輪車は荷車にもなるので、カゴつきがおすすめ！
・公園には必ずバケツを持っていきました。
・割れ物以外は持たせてあげました。

# 何でも運んでもらっちゃおう

あい、どーぞ

クマちゃんもつれていっていい？

ちょっとしたものでも「持ってきて」と頼むと、よろこんで運んでくれます。

### 運んでくれて「ありがとう」

新聞を持っていってもらったり、洗濯物を干すのを手伝ってもらったり……、子どもたちの「はこびたい」「もっていきたい」という気持ちを汲んで、たくさん"お手伝い"してもらいましょう。後片づけが追いつかなくても、多少ぐちゃぐちゃでも、それが元気な子どものいる家です。

大人にはいらないように見えても、自分で準備するのが楽しいのです。子どもの気持ちを尊重してあげると、子どもも外出がよりいっそう楽しくなります。

あそびを豊かにする脇役 ❷
# 「バケツ」

## 重たくても、大丈夫！
## 自分で運べるって楽しい

バケツは子どもの「マイバッグ」。水も砂も拾ったどんぐりも石も花もザリガニだって入れておけるし、運ぶこともできます。「出したり、入れたり」あそびや、「運ぶ」あそびが大好きな子どもたちの必需品。バケツがあるだけで、あそびへの集中度がぐんと上がります。年齢に合った使いやすい大きさのものがあるといいですね。

「重たい？ 持ってあげようか？」と思っても、まずは子どもに任せてみて！ 子どもはけっこう力持ちです。

水を運んだバケツは、そのまま砂場でおままごとに活躍。本当に万能です！

どんぐりさんが、「帰りたいよー」って言ってるよ〜

転んで泣いてしまった子どもに、「自分で持って帰る?」とどんぐり入りのバケツを渡してみると……。

ほんと?じゃあ、つれていってあげる!

「うん!」と泣き止んで、張り切って歩いて帰る、なんてこともよくありますね。

## いろいろな大きさのバケツがあるとあそびの幅が広がる!

子ども用の小さなバケツひとつでも、子どもたちは十分楽しめますが、ひとつよりもふたつ、さらにいろいろな大きさがあると、あそびの幅がぐっと広がります。そのためにわざわざ買わなくても、家にある掃除用のバケツをあそびに使わせてあげたり、お味噌やヨーグルトなどの容器を洗って、ひもで取っ手をつけるだけで、バケツ代わりになります。

| あそび3 | 「のぼったり、おりたり」するあそび |

## 「のぼれたよ！」「おりれたよ！」
### くり返す中で養われる運動能力やバランス感覚

今までは届かなかったところの物を手にしていたり、のぼれなかったところに立っていたり……。子どもが活発になるにつれて、親がハラハラする場面も増えてきます。危険と思われる場所ははじめからガードし、それ以外の場でも子どもの様子をよく見ていましょう。おりる時に足で地面を探っているか、体勢を保持する力はあるか、日頃から慎重なほうなのか活発なほうなのか。いつでも助けられるように見守りながら、できるだけ自分で試させてみましょう。くり返す中で、バランスのとり方もおり方も上手になります。すべて禁止してしまっては練習できません。

のぼるよりもおりるほうが難しい。心配は絶えませんが、足で地面を探っていて届きそうなら見守ってあげましょう。

### どんな意味があるの？

子どもがくり返すことは、その時期の発達にとって意味のあることです。子どもは勤勉な努力家で、今の自分のテーマに果敢に取り組んでいるのです。のぼりたい時期に家の中にいてのぼるのを止めてばかりでは、親も子も辛くなります。運動量の増える時期には外あそびやからだを使ったあそびを増やしてみましょう。

### 先輩ママはどうしてた？
・落ちたら危ない高さの時は、必ず手をとってあげたよ。
・家の中の階段も、一緒の時は解禁してあげました。
・転んでぶつけたら危ないものは、床には置かないようにしていました。

あそびのレシピ①からだを動かしてあそぼう

# 家の中でもたくさん「のぼったり、おりたり」

ゴロンと寝ている大人をのぼったり、おりたり。
これが意外と運動能力アップになっているのです。

がんばれ〜

**ヒント**

### 大人への階段

小さな子どもが階段をのぼったり、おりたりしようとすると、大人としてはついつい制したくなるものです。けれどもその気持ちをぐっと抑えて、ぜひ見守ってあげてください。子どもにとって、階段をのぼることは、大人への第一歩。まさに「大人への階段」をのぼっているのです。

段差があればのぼりたくなるのは、本能のようなもの。筋力も鍛えられるのでおすすめです。

# 「のぼったり、おりたり」は仲間がいるともっと楽しい！

最初はすぐに落ちてしまったこんな場所も、くり返すことで、バランス感覚が鍛えられます。

### 縁石や段差

公園の植栽の縁石など、子どもはちょっとした段差があると、すぐにのぼりたがるもの。「お花を踏んづけたら大変！」と心配になる気持ちもわかりますが、危険や迷惑を大人の目線で回避しつつ、できるだけ子どもの気持ちを尊重して、のぼらせてあげましょう。

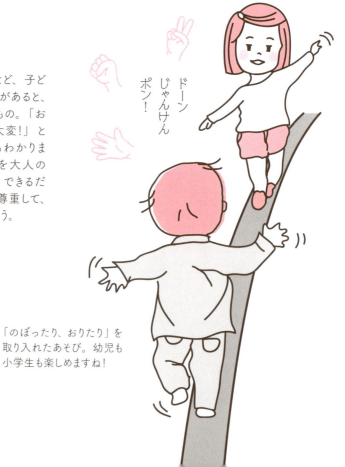

「のぼったり、おりたり」を取り入れたあそび。幼児も小学生も楽しめますね！

あそびのレシピ①からだを動かしてあそぼう

小さな子どもは、草の上をのぼるだけでも楽しい。運動能力が育まれるだけでなく、ひんやりした草の感触、土の匂い、さまざまな要素が子どもの感覚を刺激してくれます。

はやい〜

すべりおりるスピードが、脳を刺激します。また、大人には単純なあそびに見えても、どうやったら速くすべるのか、段ボールの大きさや体重のかけ方など、子どもはさまざまに知恵を絞っています。

> **ヒント**
> 「段ボール」
> ちょっと遠くの公園まであそびにいく時、座れるサイズに切った段ボールを持っていくと◎。芝生すべりは時間を忘れて楽しめるあそびです。芝生用のそりも安価で手に入り、耐久性もあるのでおすすめ。

| あそび 4 | 屋外でからだを動かすあそび |

## 晴れた日はまず外へ行こう!
### 決まった時間に外あそびで、生活の見通しを

赤ちゃんがぐずる夕方、外に出たら泣きやんだことはありませんか。外の空気は子育ての味方。外は子どもにとって魅力的なものにあふれています。たとえばすべり台。いまは多彩なあそび方が推奨されませんが、昔はすべるだけではなく、競って駆け上がったり、鬼ごっこの舞台になったりもしたものです。1歳の頃は直線的にすべるところに向かっていったり、階段をのぼっても怖くてまた階段で戻ってきたり。でもそれは発達的に自然なことです。他の子とトラブルにならない範囲で、たくさん経験させてあげたいものです。

### どんな意味があるの?

決まった時間に外あそびをすることは大変なように思えますが、子どもに生活リズムができ、食が進み、寝つきがよくなり、機嫌がよいことが多くなり、結果的に親が楽になります。子も体調がよいと、多くのことを吸収します。まだ小さい赤ちゃんは、ベビーカーで外出しましょう。

### 先輩ママはどうしてた?

・近くにいたママたちと相談して、逆行させてあげたよ。
・他の人に迷惑かと思って、止めちゃった。
・他の子がいない時を見計らって、のぼらせてあげました。

あそびのレシピ①からだを動かしてあそぼう

# 自由な外あそびでからだを鍛える

ボールは0歳児から高学年までさまざまにあそべるアイテムです。小さな年齢であれば、少しやわらかめのボールをころころと転がして、つかまえるだけでもおもしろいですし、少し大きくなったら、サッカーボールをけるだけで楽しめます。

長い階段をのぼってたどり着くすべり台の「てっぺん」は、特別な場所。小さな子どもが初めて経験する、とても高い場所で、それは達成感を経験する場なのです。

### ヒント
#### 友だちとあそぶ
公園は、友だちとの出会いの場でもあります。子どもたちは、同年代の子どもに関心があります。すぐに一緒にあそび始める子も、じっと様子を見て近づいていかない子もいます。時には揉めごともあるかもしれませんが、温かい目で見守ってあげましょう。

すべり台で何よりも楽しいのは、スピードを感じること。ちょっとしたスリルとともに「楽しい!」と感じることで、脳の発達も促進されるといいます。親が一緒にすべったり、カンカンと下で手をさし出してふみきり役をしてあげるのも、楽しいあそびです。

# なぜ、外あそびが大切なの?

　乳幼児期にはからだを動かすことがとても大切です。外あそびを通して、たくさん動かすことが重要なのです。第1部でもご紹介したように、自由な外あそびをたっぷりさせている園のほうがより運動ポイントが高い、という調査結果があります。それは、子どもが楽しさの中で、知らず知らずのうちに多様にからだを動かしているからでしょう。

　文部科学省の幼児期運動指針では、大切な基本的な動きとして次の3つをあげています。

①体のバランスをとる動き（立つ、座る、寝ころぶ、起きる、回る、転がる、渡る、ぶら下がるなど）、②体を移動する動き（歩く、走る、はねる、跳ぶ、登る、下りる、這う、よける、すべるなど）、③用具などを操作する動き（持つ、運ぶ、投げる、捕る、転がす、蹴る、積む、こぐ、掘る、押す、引くなど）。

　実に多様な動きが含まれているわけですが、この本のあそびのレシピの中で、そのほとんどがカバーできてしまいます。そうです。楽しくからだを動かしてあそんでいれば、自然と多くの動きを経験することができてしまうのです。そして、非認知能力のひとつでもある「意欲」まで育てるのです。あそびって本当にすごいですよね！　ただ、安全には十分留意しましょう。

　外に出ることが難しい場合は、家の中でできる動けるあそびも大切です。子どもの育ちを大事にしている保育園では、室内でも、手先を使ったあそびに加え、ハイハイしたり、のぼったり、おりたり、くぐったりといった「動ける環境」を重視しています。家庭でも安全に留意しながら、取り入れたいものです。

## ② あそびのレシピ

# 自然と
# あそぼう

| あそび 1 | 散歩の楽しみ方 |

## 子どもの行きたいほうへ！
**自由なお散歩の中でこそ得られる成長**

お散歩に出かけた時、「この子は何を見ているのかな」「どんなことを考えているのかな」と、子どもの様子を見てみましょう。足もとの石を見つめ、道端の雑草に手を伸ばし、街路樹の周囲を回り、来た道を戻り……、大人主導ではなく過ごしてみると、ゆったりとした時間の中に新しい発見があるものです。どんな発見をするのか、子どもについていきましょう。

### どんな意味があるの？

「個人は、創造的に生きて、人生は生きる価値があると感じる」*6と小児科医のウィニコットが言っています。自らを取り巻く世界を発見し、自分が創り出した意味あるものとして受けとめられるかどうかが重要なのです。コツは子どもの発見を認めるところにあります。

*6 D.W. ウィニコット著、橋本雅雄訳『遊ぶことと現実』（岩崎学術出版社、1979年）より。

### 先輩ママはどうしてた？

- お気に入りのスポットをいくつか作ると、機嫌が悪くなってもそこへ行けば立ち直りやすいよ。
- 遠くまで行く時は、念のため抱っこひもを持参していました。
- 買い物に回りたい時もあるから、そんな時は、お菓子でつってしまったことも……。

あそびのレシピ②自然とあそぼう

# 歩くだけで、こんなに楽しい！

ぼくおおきくなった!!

自分の影、お母さんの影、いろいろな大きさがあって、時間帯によって違って……。影はさまざまな気づきをもたらしてくれます。

きょう、わんわんいないね〜

柵や塀、木の間から何かを「のぞく」のも、お散歩ならではの楽しみのひとつ。

雨の日だって、長靴を履いてお散歩できれば、それだけで特別な日。水たまりを思いっきり踏む楽しさ、大人にも身に覚えがありますよね。

### ヒント
### お気に入りスポット

大きな木、ひと休みできる石、模様のあるマンホールのふた、あるいはかわいいぬいぐるみが見える窓……。子どものお気に入りのスポットがあると、お散歩がよりいっそう、楽しくなります。「ここは小人さんのおうちかな」など、ひと休みしながらのお話も楽しいですね。

# 自然は発見の宝庫！

> **ヒント**
> ごろんとする

子どもは、大人が思いもかけないことが楽しかったりするものです。公園に行って、小さな子が楽しめそうな遊具が見当たらない時、芝生にただ、ごろんとしてみてください。ゴロゴロ転がってみるだけで笑い声が弾けます。

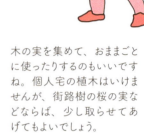

木の実を集めて、おままごとに使ったりするのもいいですね。個人宅の植木はいけませんが、街路樹の桜の実などならば、少し取らせてあげてもよいでしょう。

ごろごろするよ〜

石をひたすら並べたり、山にしたり、模様を作ったり、宝物のように1個をずっとにぎりしめていたり……。どんなふうにあそぶかな？

拾った棒切れをカンカンと鳴らして……、こんなあそびも五感を刺激してくれます。

あそびのレシピ②自然とあそぼう

## あそび2 植物であそぶ

### 雑草は最高のおもちゃ！
#### 自然が与えてくれる材料で、クリエイティブなあそび

家にお花を飾るのが好きな人は多いですよね。きれいなお花は気持ちを落ち着かせ、晴れやかにしてくれます。一方、子どもたちは、花びんの花だけでなく、自然をからだで味わいます。シロツメクサを飽きることなくひたすら摘み、葉っぱをつぶしておままごと、落ち葉に飛び込み……、自然の中にたくましく生きる草花をからだ全体で満喫しながら、思う存分あそぶのです。自然はふんだんにあそびの材料を用意してくれています。しかも日ごと、季節ごとに姿を変えて子どもたちを迎えてくれるのです。

### どんな意味があるの？

自然との関わりがからだの諸機能を発達させ、知的好奇心を旺盛にし、思考力・表現力や感受性を培います。けれども、この力を伸ばすためにこの活動をさせよう、ということはあまり考えなくてもいいでしょう。いま、子どもが没頭していることが最も子どもの力を伸ばし、後からも生きてくるもの。初めて寝返りをした時、初めて歩いた時のように、子どもたちはその時々で自分が取り組むべきテーマを知っているのです。

### 先輩ママはどうしてた？
・勝手に生えているクローバーなどの花ならOK！
・近所には取ってよさそうな花はなかったから、ベランダの鉢植えの花を摘ませてあげました。
・花壇のお花はさすがに、取っちゃダメだよと教えました。

## 五感で自然を楽しむ

タンポポの綿毛をフーッ。風にのって飛んでいくその姿を見るだけで楽しい、こんな"おもちゃ"はなかなかありません。

＊お子さんが植物の蜜を口にする際には、害虫駆除の薬剤が散布されていないかどうか、注意しましょう。

ツツジやオシロイバナなど、庭の花木の蜜を試してみましょう。

### ヒント
### 自然の音

見て、聞いて、触れて、嗅いで、味わって、五感をフル稼働させて、自然を満喫しましょう。「聞く」という行為ひとつとってみても、外では家の中とはまったく異なる「音」に満ちているものです。鳥の声や木の葉が風に揺れる音に耳をすませてみたり、拾ったどんぐりを振ってみたり……。さまざまな音の体験が子どもの感受性を豊かに育んでくれます。

ニョロニョロ〜

ネコジャラシの先っぽを切って、にぎにぎすると、まるで毛虫！

いいにおい！

お花はそれぞれ匂いが違います。それを知るだけでも大きな気づきです。

あそびのレシピ②自然とあそぼう

# 集めるよろこび

子どもは本当にお花が好きです。花束にしたら、持ち帰って花びんなどにいけてあげるのもいいですね。

パパにあげる！

あった!!

たくさんの中のひとつを探すのも、自然の中であそぶおもしろさ。四つ葉のクローバーは根気よく探せば、かなりの確率で見つかるのでおすすめです。

**ヒント**

### 「きれいなびん」に詰めてみよう！

外あそびでの「戦利品」、持ち帰ったらきれいなびんに入れてみませんか。ガラスは子ども心をくすぐりますし、家でいろいろなびんに詰めてみるのも、子どもにはワクワクするような楽しいあそび。水を入れたびんにサクラの小さな実を詰めると、それだけで子どもにとっては宝物になります。

きれいな色の木の実を見ると、子どもは目の色を変えます。心ゆくまで集めさせてあげましょう。

ふかふか〜

落ち葉のベッド。たくさん集めると、ふかふかで気持ちがいい！

あそびを豊かにする脇役 ❸
# 「ビニール袋」

## 持ち帰ったり、運んだり、外あそびの万能アイテム！

大人のカバンやポケットに、ビニール袋がひとつあれば、子どものあそびはぐっと幅が広がります。ビニール袋ひとつでいつでもどこでも、あそびを始められるのです。大人が立ち話を始めた時、用事を終えた帰り道……。ちょっとした隙間時間に、さまざまに工夫をしてあそぶ姿を見せてくれるでしょう。

葉っぱでも木の実でも、集めて持ち運ぶのに便利！

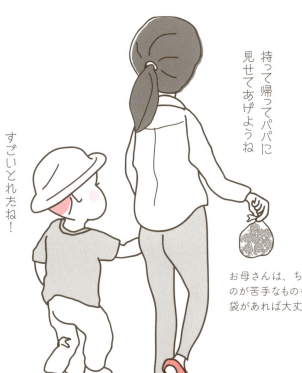

すごいとれたね！

持って帰ってパパに見せてあげようね

お母さんは、ちょっとさわるのが苦手なものも、ビニール袋があれば大丈夫！

かっこいい〜

思いがけず捕まえられたバッタは、葉っぱと一緒にお持ち帰り。

ビニール袋は、バケツ代わりにもなる！水だって運べるので、いざという時にとても便利。

## キャッチ&リリースもいいけれど……

虫などの生き物を捕まえることを、「かわいそう」と思う大人は多いことでしょう。もちろん、その気持ちはよくわかります。一寸の虫にも五分の魂です。けれども、捕まえてみて、手にふれてみて、初めてわかることはたくさんあります。虫は、子どもが捕まえたくらいで絶滅したりはしないと、ある著名な昆虫学者の先生も言っていました。広い心で、子どもの興味の芽を育ててみてあげましょう。

### あそび3　生き物とふれあう

## 生き物に向き合って学ぶ
### 自分とは違う、多様な存在に心を寄せる

身近な場所から動物園まで、子どもが生き物に出会う場所はさまざまです。見上げるほど大きな動物がいる一方で、手のひらにのるほど小さな虫がいて、飛んだり跳ねたりのそのそ動いたり……、自分とは違う多様な姿は、子どもたちにとって魅力的な存在です。おそるおそる大きな犬に近づいたり、バッタを夢中で追いかけたり、ダンゴムシをたくさん集めたりと、子どもはからだ中の神経を集中させて、生き物に向き合うことで、多くのことを学びます。

### どんな意味があるの？

生き物とふれあう時、子どもは自分を相手に合わせることになります。不用意に手を出しては危険であったり、よく見ていなければ捕まえることができなかったりするからです。相手に関心を寄せ、よく見て、心を寄せ、時を共有しようと試みる、その姿勢には大人も学ぶところがあるほどです。

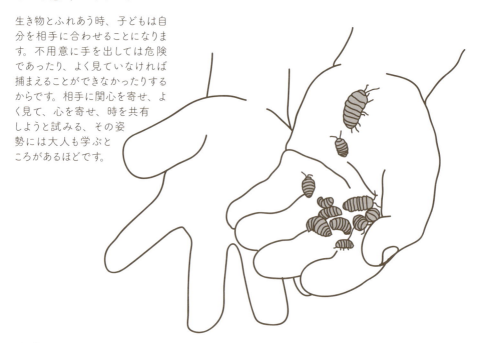

### 先輩ママはどうしてた？
・虫はどうしても苦手で、そういう時はパパの出番でした。
・がんばってつき合ってたら、どんなものも平気になった！
・自分も実は、虫好きなことを発見しちゃいました。

あそびのレシピ②自然とあそぼう

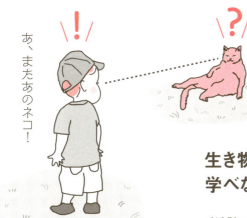

あ、またあのネコ！

直接「ふれあい」がなくても、生き物を見つけて、その生態を垣間見るだけでも子どもには大きな学びとなります。

## 生き物とのふれあいでしか学べないことがある！

ご近所の犬と仲良くなるのも楽しいですね。こうして、小さな命を慈しむ気持ちが育まれていきます。

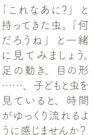

「これなあに?」と持ってきた虫。「何だろうね」と一緒に見てみましょう。足の動き、目の形……、子どもと虫を見ていると、時間がゆっくり流れるように感じませんか？

## 子どもの好奇心を見守る

アリンコの行列を見ていた子どもが、アリを捕まえて潰してしまったり、はたまた、アリの巣を水攻めにしてしまったり……。こんな時、小さな頃にあまり虫とふれあったことのないお父さん・お母さんは思わずギョッとして、子どもを怒ってしまったりするかもしれません。でも、これは好奇心旺盛な子どもにはよくあること。あまり大ごとに考えずに、おおらかな気持ちで見守ってあげましょう。

**ヒント**

### チョウはリリース！

チョウの飼育は実は難しいので、捕まえてきたら標本にするか、子どもの反対がなければ、しばらく観察して、外に逃がしてあげるといいでしょう。

## 観察してみよう

**ヒント**

### セミの羽化

セミは都会でも、その生態を知ることのできる数少ない昆虫のひとつです。昼間よくセミが鳴いている木が近くにあれば、夜、子どもを連れてそこへ行って、しばらく待ってみましょう。かなりの確率でセミが羽化する、とても神秘的な場面を見ることができます。

あそびのレシピ②自然とあそぼう

# 飼育してみよう

生き物好きの子どもなら、ぜひ一度、生き物の飼育にチャレンジしてみてはいかがでしょう。ここに紹介したダンゴムシ、トカゲ、ザリガニはいずれも比較的飼育のしやすい生き物です。最初は「1ヵ月だけ」など期間を決めておくと、挑戦しやすいと思います。ぜひ、子どもの興味の芽を育ててみてあげてください。

### ダンゴムシ

初心者におすすめはダンゴムシ。水槽に枯れ葉と石を入れて、時々、霧吹きで水をかけてあげましょう。

### トカゲ

トカゲは生き餌(え)が必要なので、バッタなどを捕まえて餌にします。ペットショップでミルワームなどを購入しても◎。

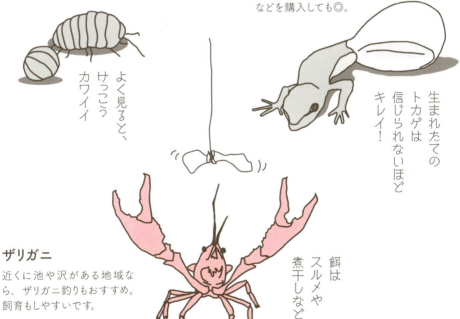

よく見ると、けっこうカワイイ

生まれたてのトカゲは信じられないほどキレイ！

### ザリガニ

近くに池や沢がある地域なら、ザリガニ釣りもおすすめ。飼育もしやすいです。

餌はスルメや煮干しなど

## あそび4 水であそぶ

### 水があるだけで楽しい!
### 変幻自在に姿を変える水で、頭も心も成長

洗面所でいつまでも水を流し続ける子どもを見て、ついつい叱ってしまった、ということはありませんか。蛇口から流れる水にさわって形を変え、コップからあふれさせ、ためてはかき回し……、子どもは飽きることなく水であそぶもの。水は、身近でありながらとても魅力的な存在なのです。子どもたちは見て、感じて、試して、をくり返し、水の扱いが上手になっていきます。頭もからだも心も総動員しているのです。

### どんな意味があるの?

砂にしみ込み、虹を作り、温かいお風呂にもなり……、水はその形態を多様に変える物質です。つまり、関わり方によってさまざまに変化するので、決まったあそび方しかできないものよりも、自分自身の工夫、アイデアが生かされるのです。その試行錯誤の体験はかけがえのないものです。

すごーい!

### 先輩ママはどうしてた?

・夏は困ったら水あそび! というくらい水あそびばかりしていました。
・うちの子はどろあそび派だったので、いつも汚れてもいい格好をさせていたよ。
・水道出しっぱなしはどうしても気になって、10分だけ、と時間を決めることにしました。

あそびのレシピ②自然とあそぼう

# どろどろ、ペタペタ……、
# 子どもの集中っぷりがすごい！

どろんこは苦手、という子どもでも楽しめる水あそびはたくさんあります。お花で作る色水もそのひとつ。

水をこれくらい混ぜたら、これくらいのどろどろ加減……。どろにふれながら、子どもたちは気づかないうちに、科学を体験しています。

### ヒント
### 一緒に「どろんこあそび」

どろんこあそびは、本当に素晴らしい体験です。小学校に上がる前の一時期、夢中でどろんこであそぶことで、子どもは集中力や感性を高めることができるといいます。そもそも、どろんこの手触りって実は気持ちがよくて、子どもはリラックスできるんです。一緒にやってみるとよくわかるので、たまには童心にかえって一緒に楽しんでみることをおすすめします。

作ったり、壊したり、砂場はとても自由度の高いあそび場。水と組み合わせると、あそびの幅はさらに広がります。

はい、つぎはここにブルドーザーがとおりま〜す

# 夏は迷ったら水あそび!

たらいにごく浅く水を張るだけで、立派なマイプールのできあがり。ペットボトルやいろいろな大きさのカップ、おたまやジョウゴなどがあると、あそびがより楽しくなります。

### ヒント
### 「たらい」で水あそび

水あそびは夏のあそびの定番です。公園の水あそび場やプール、川などももちろんいいですが、小さなお子さんがいる家庭なら、大きな洗面器やたらいをひとつ準備しておくことをおすすめします。子どもを外に連れ出せないほどの猛暑の日、でも部屋にはあきあき、という時は、庭やベランダのちょっとしたスペースで、とても手軽に水あそびを楽しめます。

＊ほんの少しの水でも、水の事故は子どもの命に関わります。水あそびをしている間は、とにかくお子さんから目を離さないでください。

すなにみずでおえかきしてみよう!

ペットボトルにキリで小さな穴をたくさんあけると、手作りジョウロに。

あそびのレシピ②自然とあそぼう

# 水で広がるあそびの世界

これで いろみず つくりたい！

### ヒント
**昔懐かしい「あぶり出し」**

お花を使った色水作りに子どもが興味を持ったら、「あぶり出し」もおすすめです。あそび方はとっても簡単。ミカンやリンゴ、レモンの果汁を絞って、筆で白い紙に絵を描き、コンロの火であぶると絵が浮き上がってきます。こんなところから、化学への好奇心も育まれていくのかもしれません。

＊あぶり出しの際、火の取り扱いには十分気をつけましょう。紙をコンロの火であぶる工程は大人がやってあげるとよいでしょう。

水を入れたビニール袋に花びらを入れて、軽く揉むと色水に。

いくよー！！

水ふうせんも年齢を問わず、子どもに人気のあそび。小さな子なら、持ってみるだけでも楽しめますし、大きな子なら楽しい水ふうせん合戦になります。割れた風船のゴミは持って帰りましょうね！

## あそび5　空を眺める

### 想像力と科学的好奇心のめばえ
#### 親子ともにかけがえのない時間を共有

子どもは空を見ることが好きです。そこに、大人が「あの雲、ぞうさんに見えるね」などと一緒になって楽しむことによって、子どもはもっと興味を持つようになっていきます。空は、一日の中でも朝、昼、夕、夜によってその表情を変えます。天気や季節によっても大きく変わります。親自身もきっと子ども時代を思い出し、子どもがいることの素晴らしさを感じる時間になるでしょう。

あそこにだれかすんでるの？

**どんな意味があるの？**

親子で一緒に空を見て、おしゃべりすることは、子どもの想像力を培い、科学的好奇心を刺激することにもつながります。もちろん、親子のつながりも強くなるのです。

**＊おすすめ絵本**　長田弘・荒井良二著『空の絵本』（講談社、2011年）

### 先輩ママはどうしてた？
・寝転がって、雲が何に似ているかをおしゃべりしました。
・飛行機が飛んでいるのを探すあそびがお気に入り。
・パパが月にはウサギが住んでいるっておはなしをしてましたよ。

あそびのレシピ②自然とあそぼう

# きれいだね、広いね、大きいね。
# 世界への好奇心を育む

おつきさま、どうしてこんなにおおきくなっちゃったの!?

お月さまやお星さま、子どもたちは大好きです。子どもが夜空に興味を持ったら、夜、家の電気を消して、空を見てみましょう。都会から離れて星のよく見えるところへ出かけるのもいいですね。

### ヒント
### ネットより図鑑

ひと昔前まで、家庭にはまるで〝家具〟のような百科事典があったものです。インターネットで何でも検索できるようになった今、そこまで場所をとるものは必要ないかもしれませんが、お子さんが何かを疑問に思った時、興味を持った時、ぜひ、図鑑や科学絵本でその興味を深めてあげてください。アナログなやりとりのよさがたくさんあります。

# 自然あそびは、科学者のようになること!

　子どもは本来、自然が大好きです。虫などの生き物も、植物も、どろんこも、みんな大好きです。反対に、親のほうが苦手なものが多そうです。ダンゴムシも、カエルも、どろんこも、「ちょっとやめて」と言いたくなってしまうこともあるかもしれません。本来、好きなのにそれを避けさせてしまえば、やがて子どもも苦手になってしまいます。それは、とてももったいないことです。たとえば、テントウムシをじっと見ている子もがいます。親からすると、ただ虫を見ているだけだと思いがちですが、ある時、テントウムシの足の動きをじっと不思議そうに見ていた子が、「あしマルマル」とつぶやいたのです。動いていた足を縮めた姿に驚いた、とっさのひと言だったのでしょう。こういうことが極めて大事なのです。子どものそうした虫への興味は、科学者が「なぜだろう」と問いをもって観察する姿と同じなのです。それが、自然への「驚きの感覚」(レイチェル・カーソン著『センス・オブ・ワンダー』)、つまり、「科学する心」を育てているのです。

　このような経験は、科学的好奇心を育むだけでなく、「いのち(生命)」を大事にする心も培うのです。特に、虫などの生き物との関わりは、卵が生まれたり、その虫が死んだりといった経験を通じて、子どもたちは「生きる」ことと「死ぬ」ことを学びます。自分が大事に育てていても、命には限りがあること、だからその時は命を粗末にするような関わりがあったとしても、次第にいのちを大事にする気持ちが育まれていくのです。

　また、小学生以上の研究ですが、自然体験や生活体験(お手伝いなど)の豊かさは、非認知能力のひとつである自己肯定感の向上に結びつくことが明らかになっています(国立青少年教育振興機構 2014)。

あそびのレシピ
③

「作る」
あそび

> **あそび 1**

# 何でも「わたしの作品」に！

## 子どもの「いま」を表す造形
### 「うまい・へた」は関係なく、楽しみましょう

子どもの作ったものは、子ども自身の「表現」です。並べた石も洗濯ばさみをつなげて作った飛行機も立派な「作品」。うれしい気持ち、跳ねるような気持ち、いろいろな気持ちが表されているのです。歩けるようになるとハイハイは見られなくなるように、時期によって表現の仕方は変化していきます。大人から見た「うまい・へた」の価値基準は捨てて、子どもならではの「いま」だけの表現を楽しみましょう。

### どんな意味があるの？

積み木やブロックを高く積み上げたり、ひたすら一直線に長くつなげたりする時期があります。もっともっと大きくなるぞという気持ちの表現です。立派にできたことを「すごい」とよろこんでもらえることがうれしく、さらなる成長につながっていきます。

### 先輩ママはどうしてた？

- ブロックや積み木の「すごい」のはとっておきたいけど、とっておけないから、いつも必ず写メしてます。子どもも満足して片づけさせてくれて一石二鳥！
- 折り紙の「作品」が次から次へと……。ひとまず箱にまとめてます。

あそびのレシピ③「作る」あそび

子どもが作った工作やお絵かきしたものを、糸でモビールのように吊って飾ると、子どももとてもよろこびます。クリスマスツリーや七夕の飾りにしても楽しいですね。

## 子どもは小さなアーティスト どんな作品もすごい！

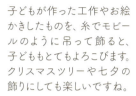

### 作品を「飾り棚」に

次から次へと生み出される子どもの工作。家の中では場所も限られているので、すべてを飾ってあげるのは難しいでしょう。そんな時、本棚や棚、カウンターの上などのスペースを、子ども専用の「飾り棚」にしてあげるといいでしょう。子ども自身が飾りたいものを、スペースが許す限り飾ってあげるのです。ブロックなども、しばらく飾っておくと満足し、また壊して別のものに挑戦したりします。

加えた力がそのまま形としてとどまる、つまり「可塑性」の高い粘土は、「つくりたい！」という子どもの力を伸ばすのに、とてもいい素材です。

| あそび 2 | お絵かきしよう |

## 「おえかきしたい!」気持ちが大事
### 一枚一枚が、子どもの思いと時間の結晶!

お絵かきは作品の中でも「うまい・へた」が見えやすいもの。まして大人は形を見ることに慣れているので、つい、出来不出来が気になってしまいます。けれども、まずは子どもが絵を描くという行為全体を見てみましょう。夢中で描いているその顔、楽しい気持ち、怒っていた気持ち、そして鼻歌を歌い、おしゃべりをしながら描いていた時間……。一枚の絵は、子どもが思いを注いだ時間の結晶なのです。プレゼントされたら、その気持ちとともに大切に受け取りましょう。

### どんな意味があるの?

頭の中にあること、心の中にあること、体験したことなど、形になっていないものを表すのは難しいことです。子どもが熱中して創作活動に取り組んでいるということは、それだけの力があるということです。

### 先輩ママはどうしてた?

・額縁を用意して、その時いちばんの「力作」を飾っています。
・お絵かきが好きで、作品は膨大な量に。少し時間をおいてから、自分で残す作品を選んでもらうようにしました。
・いい絵だね! と言って、写真に撮ってあげるとよろこびますよ。

あそびのレシピ③「作る」あそび

## いろんなものに
## お絵かき

お買い物でもらった紙バッグ、余白にお絵かきをしたら、素敵なマイバッグに。

顔が描けるようになると、いろいろなものに顔ばかり描く子もいます。折り紙の動物に顔をつけると、そこから楽しいごっこあそびが始まることも。

## 描かなくてもいい

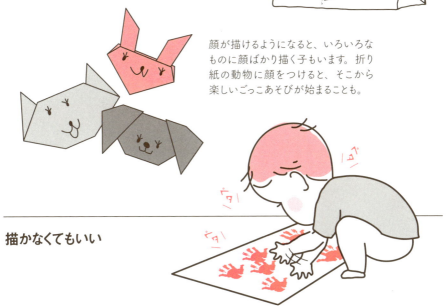

誰に言われるでもなく、いつの間にか絵を描くようになる子もいれば、全然描かない子もいます。そしてなぜか、いつの間にか絵を描くことへの苦手意識を持ってしまっている子もいます。そんな子には、「物の姿かたちを描かなくてもいい」お絵かきがおすすめです。布に手形をつけるあそびの他にも、折った和紙を絵の具で色づけする「折り染め」など、絵が苦手な子でも、作る楽しさを味わう方法はたくさんあるのです。

# いろいろなところに お絵かき

曇りガラスへのお絵かきも、子どもならではの楽しいあそび。指で描くと、鉛筆やペンで描くのとまた違って楽しいのです。

地面でのお絵かきは、どこまでも大きく描けるのが魅力です。

### ヒント
### 「ろう石」でお絵かき

お絵かきをする場所は、家の中だけとは限りません。昔はよく家の前の道路などに、ろう石と呼ばれる石のチョークのようなもので、らくがきをしたりしてあそんだものです。今では、らくがきのできる場所は少ないかもしれませんが、チャンスがあればぜひ、チャレンジしてみてください。青空の下で、アスファルトに大きな絵を描くことは、子どもにとってとても楽しい経験です。

つぎは、しんじゅく〜

あそびのレシピ③「作る」あそび

## お手紙にお絵かき

絵はがきに描いて、送ってみましょう。おじいちゃんやおばあちゃんもきっとよろこんでお返事を書いてくれるでしょう。

あれまあ、上手に描いてくれて！

かみしばい、はじまるよ〜

自分で描いた絵で、紙しばいごっこ。起承転結なんて関係ない、子どもならではの自由なおはなしは、大人が聞いてもとても楽しいものです。

穴をあけてひもで綴じれば、簡単に手作り絵本のできあがり。

## お絵かきが紙しばいや絵本に！

お絵かきを楽しむうちに、関連した絵を描くことがあります。それをまとめてホッチキスで留めて絵本にしたり、あるいは紙しばい仕立てにすることをおすすめします。その時に子どもが話したことも書きとめておくといいでしょう。一枚一枚の絵がひとつにまとまることで、子どもは達成感を持つことができ、創作意欲につながります。自分で考えた楽しいおはなしを、大人に読み聞かせしてくれたり、なんてこともよくあります。

## あそび3　身近なもので作る① 廃材を利用しよう

### 「どうぞ、好きなだけ使って!」
**身近な廃材を使った工作で、「想像力」を育む**

新聞紙や牛乳パックなどの家庭で出る廃材は、とてもよい工作材料になります。子どものあそぶ様子を見て、今の時期、どんな材料があると楽しめるかと想像してみてください。廃材であれば「もったいない」などと思うことなく、ふんだんに使わせてあげられるでしょう。リビングなどの一角に「工作コーナー」（p.85）を作って、そこに廃材も置いてあげるとよいでしょう。気が向いた時、大人に頼まなくても好きに使えることが、子どもにとって創作しやすい環境。自由に作ることは楽しいことです。子どもの創作意欲を思う存分発揮させてあげましょう。

### どんな意味があるの?

子どもの創造的活動において大事なことは、自分が主役となって創造的に作っていけるかどうかです。作品の出来の「うまい・へた」よりも、自分のアイデアの実現のために主体的に工夫ができているのか、自分のやりたいように持てる力を駆使して集中できているのかが非認知能力を育みます。

いらっしゃ〜い
どうぞ〜

### 先輩ママはどうしてた?

・広告の紙や牛乳パック、段ボールは常に使えるように、置いておいたよ。
・うちの子は新聞紙から出る小さなホコリが苦手で、紙系の再利用は無理。代わりに、食品トレーなどをよく使わせてあげました。

あそびのレシピ③ 「作る」あそび

# 広告の紙

すごいじょうずでしょ！

たくさん作っているうちに、どんどん上手になって、細くてしっかり巻いたくるくる棒ができるようになります。

くるくる棒の先に折り紙をつけると、魔法使いの持っていそうなスティックに。

### ヒント

### 「くるくる棒」

新聞広告や雑誌など、いらなくなった紙をくるくると巻き、最後にテープで留めるだけ。そのままヒーローごっこに使っても危なくありませんし、つなげたり、曲げたり、編んだりと、さまざまに工作できる、"万能アイテム"です。

新聞紙3枚を重ねて太めのくるくる棒にすると、ヒーローごっこをしても危なくありません*7。

*7 ●りんごの木子どもクラブ WEB マガジン http://www.lares.dti.ne.jp/~ringo/
「子どもの心により添う保育」をモットーに、2歳半から就学前の子どもが通う"ちいさな幼稚園"。WEB マガジンは子どもの心に寄り添うことの大切さを教えてくれます。この新聞紙3枚重ねのくるくる棒は、りんごの木子どもクラブの代表の柴田愛子先生から教えてもらいました。

# トイレットペーパーの芯

**ヒント**

「セロファン」

子どもは、透明なものがなぜか好き。いろいろな色のセロファンを用意しておくと、工作がぐっとおもしろくなります。トイレットペーパーの芯をつなげた双眼鏡も、セロファンを貼りつけるだけで子どもにとっては〝本格的〟なものになるのです。

絵を描いてお人形に（右2つ）。顔を描いた紙を貼りつけて転がすと、顔が消えたり、出てきたりと赤ちゃんがよろこぶおもちゃになります。

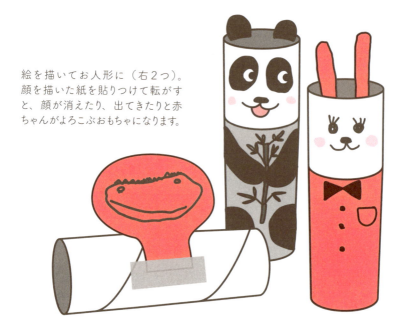

## プリンの空きカップ

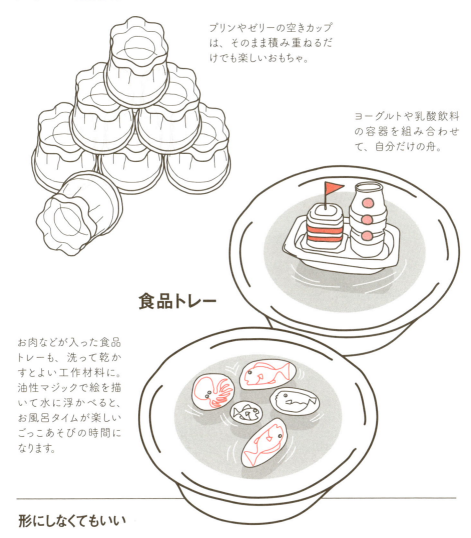

プリンやゼリーの空きカップは、そのまま積み重ねるだけでも楽しいおもちゃ。

ヨーグルトや乳酸飲料の容器を組み合わせて、自分だけの舟。

### 食品トレー

お肉などが入った食品トレーも、洗って乾かすとよい工作材料に。油性マジックで絵を描いて水に浮かべると、お風呂タイムが楽しいごっこあそびの時間になります。

## 形にしなくてもいい

小さな子どもと楽しむ工作あそびは、大人の目から見るような「完璧」を目指す必要はありません。たとえば、食品トレーを使った工作でも、立派な舟を作れたら、もちろん楽しいですが、ただ丸く切って浮かべるだけでも、子どもにとっては十分。自分で作って、そしてそれであそぶ、という満足感を得ることのほうが大事なのです。

# ティッシュペーパーの空き箱

ジャカ、ジャカ、ジャーン♪

### ヒント
**輪ゴム**

これも「作る」あそびが楽しくなる"万能アイテム"のひとつ。ここでは、切った輪ゴムを弦に見立てたティッシュペーパーの箱のギターを紹介していますが、飛ばしたり、つなげたりするだけでも楽しめるのが魅力です。

ティッシュペーパーの空き箱に、"弦"に見立てた輪ゴムを貼って作ったギター。ネックは食品ラップの芯で、ヘッドは小さな空き箱。

どんぐりひろいにいこ〜

## 牛乳パック

牛乳パックは、何にでも変身できるとっても便利な工作材料。超簡単、ひもを通すだけのポシェット。

あそびのレシピ③「作る」あそび

# 空き箱

バターなどの空き箱に紙コップをつけて作ったカメラ。

> **ヒント**
>
> ### 「きれいな箱」はとっておく
>
> 「きれいな箱」にはトキメキを感じさせる力があります。クッキーの缶やアクセサリーの入っていた箱などの中には、壊すのがもったいないくらいのものもあります。そんな素敵な箱は、工作用のティッシュペーパーの空き箱などとは違う、「特別な箱」として、シールやリボンなどをしまっておく箱にするといいでしょう。きれいな箱だと、片づけるのも楽しくなります。

空き箱を使ってスマートフォンごっこ。小さな箱はいろんな工作に便利なので、ぜひ、捨てずにとっておきましょう。

これ、おれのスマホ

| あそび3 | 身近なもので作る② 日用品を利用しよう |

## 子どもは意外と本物志向!?
### 身近な日用品を使った工作で、「創造力」を育む

せっかく高価なおもちゃを買ったのに、子どもが全然あそばなかった、という経験をお持ちの方も多いのではないでしょうか。特別なおもちゃを用意しなくても、身近なもので子どもは十分楽しめます。台所にある缶詰で積み木をしたり、洗濯ばさみで作った飛行機を持って「ブーン」と走ったり……。むしろ大人が日常で使っているようなものを好む傾向すらあるようです。扱いやすい安全なものであることが必須条件です。同じものがたくさんあると創作意欲が増します。

### 紙コップ

### どんな意味があるの？

紙コップやストロー、洗濯ばさみは本来、子どものおもちゃではありません。それを工夫して使うということは、創作活動の幅を広げるとともに、子どもの想像力や応用力も鍛えてくれます。

### 先輩ママはどうしてた？
・いろいろおもちゃを買ったけど、全然使わず。もっぱら日用品であそんでいました。
・日用品を使わせてあげると、結局、物も増えなくて断捨離にいいよ！
・使ったら危ないものは手の届かない高さに置いていました。

あそびのレシピ③「作る」あそび

## 洗濯ばさみ

最近はいろいろなタイプのブロックが販売されていますが、高価なものを買わなくても、洗濯ばさみは実はとても楽しいブロックになります。

## ストロー

ストローを短くつないでネックレスに。中のひもをゴムにすると、伸び縮みしてあそびやすいです。

さん、に、いち、ゼロ……

ストローに折り紙を巻きつけて、テープで留め、羽をつける。フーッと吹くと、ストローロケットに。

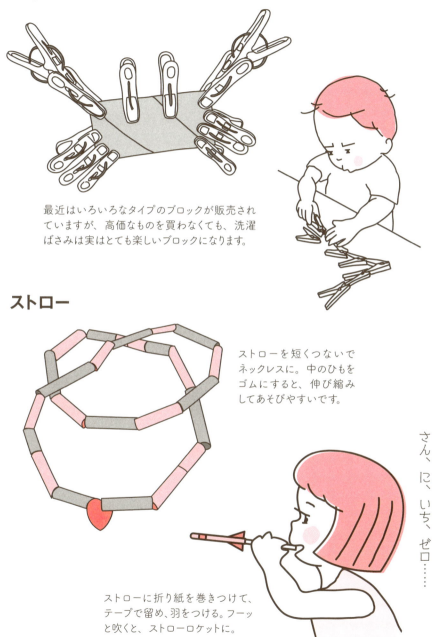

### あそび3 身近なもので作る③ 自然のものを使おう

## 自然の造形ってすごい！
### 木の実や石、貝殻など、多様な形・質感を楽しみながら作る

身近な材料は、自然の中にも豊富にあります。木の実や石、貝殻、小枝など、たくさん拾い集めたよろこびの後、おままごとの具材にしたり工作の材料にすることができます。種類が豊富にあると、創作意欲も増します。家の中に外で拾ってきたものがあることが嫌な方もいるでしょうし、あまりにたくさんで大人がそっと隠れて捨てることもあるでしょう。けれども可能な範囲でとっておいてあげると、それが思わぬ楽しみにつながっていくものです。

## どんぐり

乳酸菌飲料の空いた容器にどんぐりを入れて、マスキングテープなどで貼りつけると、赤ちゃんの好きなガラガラに。

＊赤ちゃんの誤飲を避けるためにも、貼りつけは大人の手でしっかりと仕上げましょう。

はい、ガラガラでちゅよー

### どんな意味があるの？

小さな子どもは、振ると音が鳴ることを楽しみます。自分がアクションすることで変化が起きるということが、主体性を育てます。

### 先輩ママはどうしてた？
・子どもが拾った松ぼっくりがきれいで、よく一緒に工作しました。
・拾ってきたどんぐりから虫が出てきて、卒倒……。
・海で子どもが拾った貝殻、今でも飾ってありますよ。

あそびのレシピ③ 「作る」あそび

> ### ヒント
> ### どんぐり虫に注意
> 拾ってきたどんぐりを室内に置きっぱなしにしていたら、中からニョロッと小さなイモ虫が出てきてびっくり！という経験をお持ちの方、多いのではないでしょうか。通称「どんぐり虫」。正体はゾウムシなどが多く、中に産みつけられた卵からかえった幼虫が、中身を食べながら成長し、どんぐりの殻を破って出てくるのです。出てきた幼虫を育ててみる、という手もありますが、どんぐり虫はちょっと苦手、という場合には、工作に使う前に煮沸するといいでしょう。

段ボールで幅広の輪を作り、接着剤で貼れば素敵なリースのできあがり。

## 松ぼっくり

> ### ヒント
> ### 拾ったものを思い出に
> 自然の中での収集品を使って、親子で工作をしてみましょう。大事なことは役割分担。大人が箱や厚紙に接着剤を塗って子どもが木の実やどんぐりをつけたり、大人がびんのまわりに紙粘土を貼りつけて子どもが貝殻をつけたりすると楽しいですよ。

子どもと一緒に松ぼっくりを拾ったら、針金を使ってリースに仕立ててみるのもいいでしょう。

# お花

シロツメクサを使った花かんむり。花に茎を重ねて引っかけていくと簡単にできます。

ダイヤモンドだよ〜

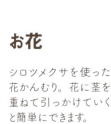

花かんむりはちょっと難しい、という子には指輪がおすすめ。茎をくるくると重ねて、最後に引っかけてできあがり。

せっかく見つけた四つ葉のクローバーや、きれいなお花は押し花に。ティッシュペーパーで挟んで分厚い本のページの間に入れ、本を閉じてしばらくおけばできあがり。忘れた頃に開いた本から出てくるのも楽しい驚きです。

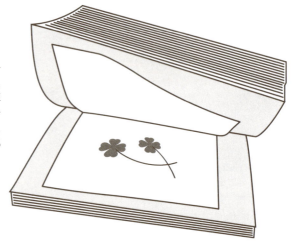

あそびのレシピ③ 「作る」あそび

# 石

石だって工作の素材になります。特に河原や海にある、すべすべと丸い石は、絵の具でお絵かきもしやすいのでおすすめです。

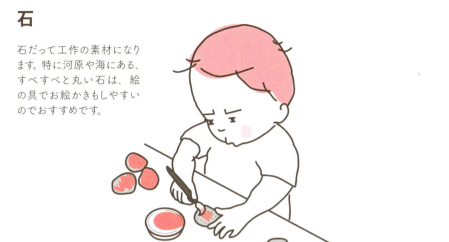

## お絵かき・工作コーナーを作ろう

子どもがいつでもお絵かきや工作ができるようなコーナーを作ってあげましょう。立派な机を用意する必要はありません。棚の一部分や引き出しをひとつ、あるいは箱にクレヨンや色鉛筆（使えるようになったら、はさみなども◎）、紙などを入れて、子どもが自由に出し入れしていい場所を決めておくのです。子どもは放っておいても工作やお絵かきをするようになるでしょう。

## あそびを豊かにする脇役 ❹
# 「ひも・毛糸」

### 結んだり、飾ったり……。
### 多様に活用できる「必需品」

あそびの中で、ひもや毛糸は「脇役」のことが多いかもしれません。けれども、なければ困る必需品です。輪ゴムやモールのほか、ガムテープ、セロハンテープ、ビニールテープなどのテープ類も同じです。ひもや毛糸は結んだり飾ったり、そして編んだりと活用法は多様です。はじめは大人の手を借りながらあそび、だんだんと扱いが上手になるでしょう。

ひもや毛糸で長い輪を作って、あやとり。記憶力と集中力を要し、手指を使うあやとりは、右脳と左脳をバランスよく働かせる優れたあそびです。

長いひもはおままごとにも便利なアイテム。くるくるとまとめればスパゲティ。

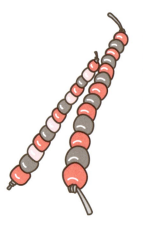

ゴムひもにビーズを通して両端をしっかり結んだもの。2〜3ヵ月の赤ちゃんならにぎにぎしてあそびますし、もう少し大きくなると、容器に入れてぽっとん落としあそびも楽しめます。

車にひもをつけて、引っ張るだけでも楽しい。

## 「ゆび編み」の編み方

ゆび編みは、一見、難しそうに見えますが、実は未就学児でも十分に挑戦できるあそびです。ただし、細い毛糸だと編むのにとても時間がかかり、編み目も粗くなってしまうので、小さな子は太めの毛糸を使うとよいでしょう。大人も楽しめるので、ぜひ、親子で編んでみましょう。

### 1

手のひらを上にして、親指に毛糸を巻きつける

### 2
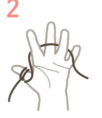

人差し指の後ろから毛糸を通し、交互に指の間をくぐらせる

### 3

小指で折り返して、人差し指まで交互に毛糸をくぐらせる

### 4
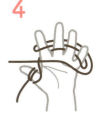

手の甲の側に毛糸を回し、一周して親指のところまで持ってくる

### 5
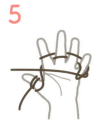

手のひら側に持ってきた毛糸の下から、小指にかかっている毛糸を引き出す

### 6
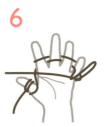

引き出した毛糸を小指にかける

### 7

薬指、中指、人差し指と順番に、⑤、⑥と同じことをくり返す

### 8
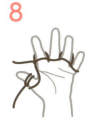

人差し指までできたら、④〜⑧をくり返す

# 何もないところから生み出す創造する力

　あそびの「すごさ」は、ただの石や空き箱から、何らかの「作品」を生み出していくことでもあります。クレヨンでただ塗りつぶしているだけに見える絵も、その子の小さなつぶやきを注意深く聞いていくと、さまざまな物語がその紙に作りあげられていくのがわかります。頭の中では、壮大なストーリーが展開されているのです。だから、そこに没頭する姿は真剣そのもので、終わった後は、満足感とともにため息をつくこともあります。それは、まさにアーティストが作品を生み出していくプロセスと同じですし、企業の商品開発をする時の試行錯誤とも共通する想像力であり、創造力なのです。

　ですから、子どもの表現にあまり大人が制限を加えたくないものです。ここでも紹介しているように、誰かに迷惑をかけなければ、どこでも自由に、好きなもので、好きなように、表現できることが大切です。また、絵の描き方もあまり大人が制約したくありません。「太陽はこう描くべき」などと大人が言い出すことで、どんどん表現することが窮屈でつまらないものになってきてしまうのです。

　そして、何よりも、表現を楽しめる子どもは、自分が生まれてきたこの世界は、自分が働きかければ、何かを生み出せる可能性があることを知ります。それは、まさに、非認知能力のひとつである自己有能感などの自尊心を培うのです。

## あそびのレシピ ④

## 「なりきって」あそぶ

## あそび1 お出かけごっこ

### 誰かになりきり、何かのふりをする
**抽象的思考力を育む「ごっこ」あそび**

「ごっこ」あそびの始まりです。誰かのふりや、何かをしているつもりになってあそぶことは高度なあそびです。けれども、大人が準備したものだけで疑似体験することは、子どもにとって豊かな経験にはなりません。身近にあるもので、自分の知識を総動員して何かのつもりになることは、抽象的思考を働かせ、空想・想像力を豊かにし、「非認知能力」を育みます。バンダナ一枚で子どもたちは何にでもなりきり、どこまでも「お出かけ」できるのです。

おかいもの、いってきますね〜

### どんな意味があるの？

柔軟な発想をもって、自分自身の手で何かを別のものに変えること、そしてそれを楽しむことができること、それらはすべて「非認知能力」です。ごっこあそびを通して子どもたちは、あと伸びする貴重な力を育てているのです。大人が手出しをしすぎると、現実に引き戻される感覚があるようです。遠くから見守ってあげましょう。

### 先輩ママはどうしてた？

・キッチンでよく「行ってらっしゃーい」って叫んでました。
・お弁当箱を使いたい、なんて言われたので、本物を貸してあげました。
・なんでもおんぶでお出かけしようとする姿、かわいかったなあ……。

あそびのレシピ④ 「なりきって」あそぶ

# お出かけの準備も楽しい！

きょうはこのぼうし！

帽子をかぶって、荷物を揃えて……。お出かけごっこは、準備がいちばん大事。

いっしょにいこうね

ぬいぐるみと飲み物と……。お出かけには何が必要か、想像力を働かせます。

### ヒント
**「おんぶひも」**

「ごっこあそびをしよう」という時、子どもがなりきりたい人ナンバーワンはやっぱりお母さんのようです。だから、着物用の腰ひものような太めのひもがあれば、お人形やぬいぐるみを赤ちゃんに見立てて、おんぶしたり抱っこしたり、というごっこあそびに使うことができます。

サンドイッチと、いちごを持っていくんだよ

お出かけにはお弁当！　というわけで、おままごとが始まったりと、子どものあそびは常に変化していきます。

| あそび2 | # おうちごっこ |

## 日常生活の楽しさを再現！
### 人間関係を再現する中で、育まれる能力

「おうちごっこ」、懐かしく思い出す方も多いのではないでしょうか。その他にも、基地ごっこ、キャンプごっこ、お店屋さんごっこなど、多くの人が夢中になった記憶があるでしょう。子どもにとって最も身近な生活のモデルは家庭です。家族の中の人間関係を再現したり、自らが中心となって采配を振るってみたり、思いきり甘えてみたり、威張ってみたり……。ごっこあそびの中で、マネジメントやコミュニケーションの能力、役割意識や生活の主体者としての自覚など、多くの力が育まれます。

### どんな意味があるの？

最も重要なことは、子どもが生活の主役としてのよろこびを感じるということ。頭にたくさんの知識を詰め込むことだけが子どもの成長ではなく、日常生活の中で幸福感を感じることが生きがいのある人生へとつながるのです。

### 先輩ママはどうしてた？

・兄弟だけでやるのが楽しいみたいで、いつも別室で盛大にごっこあそびしてました。
・ふろしきなどの布、大・小揃えておきました。
・あんまりなりきっていておもしろいので、よく動画を撮影しました。

あそびのレシピ④ 「なりきって」あそぶ

# どこでもおうちに!

ちゃぶ台やテーブルの下だって、子どもたちの想像力にかかれば、素敵なおうちに大変身!

### ヒント
### 「ふろしき」が大活躍

ふろしきのような大きな布は、ごっこあそびにとても役立つアイテム。特に、おうちごっこでは、お部屋の仕切りになったり、お布団になったりと大活躍してくれます。いらない布でいいので、何枚か子どものあそびコーナーに置いておいてあげるといいでしょう（p.96の「あそびを豊かにする脇役」もご参照ください）。

お布団でおうちごっこ。小さな赤ちゃんが布団をかぶってしまわないよう気をつけましょう。

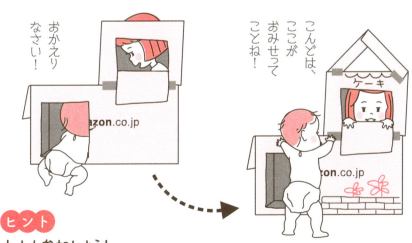

### ヒント
### 大人も参加しよう!

段ボールの家作りには、ぜひ、大人も参加しましょう。段ボールは大きいので少し大人の手助けが必要です。でも、夢中になりすぎて、子どもの楽しみを取ってしまわないよう気をつけましょう。

| あそび 3 | おままごと |

## 家の切り盛りってすごい！
### 丁寧な暮らしの大切さを知ることが、生命力を育む

おままごとの様子を見てみましょう。忙しく何かを出し入れしたり、趣向を凝らして盛りつけしたり、ぬいぐるみを注意深くそっと寝かしつけたり……。真剣な表情は、子どもにとって生活の切り盛りはあこがれの対象であることを教えてくれます。経済優先の現代社会では、家事は価値の低い労働であるかのように見られがちですが、日々の生活を丁寧に送ることは、すべての人にとって大切なことなのです。

きょうのごはんはハンバーグですよ！

### どんな意味があるの？

おままごとをする時期、子どもは身の回りのことも一人でできるようになってきます。時には大人の時計を止めて、ともに過ごしてみましょう。なかなかうまくいかず葛藤の時期の後、ズボンがはけた時、ボタンがはめられた時、日常は小さな達成感で輝くでしょう。日々の小さな工夫、日々くり返す何気ないやりとり、そのすべてがおままごとの主役であり、子どもの命の根を太くします。

### 先輩ママはどうしてた？

・お買い物ごっこのお客さん役でふざけすぎて、よく怒られました。
・おままごとが好きなので、小さなエプロンをあげました。
・寝かしつけごっこの時、よく「しずかに！」って言われて、笑っちゃった。

あそびのレシピ④ 「なりきって」あそぶ

# 大人のフリは楽しい

お買い物ごっこは、ごっこあそびの定番。本当のお店での〝お買い物デビュー〟の準備にもなります。

これください

少し大きくなると子どもは自然と、ねんねごっこや赤ちゃんごっこをするようになります。自分より小さな子をいつくしむ気持ちが育まれている証拠です。

トントンしてあげるね〜

いらっしゃいませ〜
ごちゅうもんどうぞ！

## 男の子もおままごとが大好き！

男の子がおままごとばかりしていると、もっと男の子らしいあそびをしたらいいのに、と心配なさる親御さんが時々います。でも、おままごとが好きな気持ちに、男も女もありません。誰か（何か）になりきるおままごとは、想像力を育み、コミュニケーション能力を養うとても重要な体験です。ぜひ、思う存分あそばせてあげましょう。

**あそびを豊かにする脇役 ❺**
# 「布」

おばけだぞ〜

わたし、プリンセスだからね

布もいろいろな大きさがあると、子どもの想像力も広がります。不用になったふろしきやシーツなど、カゴに入れて置いておくといいでしょう。

## お姫さまのドレスにも
## ヒーローのマントにもなる!
### 布は変幻自在のアイテム!

布は魔法のアイテム。布があれば、子どもはお姫さまにも、ヒーローにもおばけにも、なんにでも変身できるのです。あそびの小道具としても活躍します。子どもコーナーにふろしきやバンダナを置いてみましょう。どんなふうに使うか、大人が楽しみになるくらい、活躍してくれます。

きれいなふろしきや布はお姫さまごっこに大活躍。

# 想像できる世界を持てることってすごい！

　「ごっこ」あそびとは、「まねっこ」あそびのことです。まねっこができるというのは、真似したい魅力的なモデルがいるということ。つまり、子どもが心を動かしている日常的な経験があるのです。ママがお化粧している姿に心を動かしたから、ママみたいにお化粧してみたいという行動が生まれるのです。ごっこあそびをする子どもはそれだけ、心を動かすという大切な経験をしているのです。

　しかも、心動かされた経験を真似て表現するという行為は、そのものに「なってみる」という経験です。ママやパパや、おねえちゃんや、ペットになってみるということは、多様な視点からその対象を理解するということです。自分ではない他者になってみることを通して、多様な他者のことを理解する経験にもなっているのです。それは、小説などを読む時の主人公の気持ちを理解することにも通じます。そして、ごっこあそびを通じて「なってみる」経験をしながら、他者との交渉の仕方や折り合い方、つまり非認知能力であるコミュニケーション力や自制心をも育てているのです。

　最近では、保育の現場でもごっこあそびが減少してきたと言われます。子どもがなりきってあそべるような環境を整えてあげたいものです。

あそびのレシピ
## ⑤
# 絵本を楽しもう

## あそび1　絵本でつくる親子の時間

### 親子で絵本の世界へ───
**いつも変わらずそこにある、素敵な世界への入り口**

絵本は、その扉を開くだけで、私たちを物語の世界へ連れていってくれる魔法のツールです。子どもにとっての絵本は、大人の読書とは違います。たくさん読んだり、しっかり理解したりすることが重要なわけではありません。絵本の世界の案内人は子どもです。何度もくり返し楽しむところがあったり、お気に入りのページ以外は開きもしない絵本があったり、大人に読んでとくり返す決まり文句があったり、案内人のこだわりの旅を大人も一緒に楽しみましょう。

### どんな意味があるの？

絵本は開くたびに内容が変わってしまったりはしません。いつも変わらずそこにあるものを何度も何度もくり返し楽しむことができます。この世の中には自分の好きなものがあって、何度もそれを確認できるということが、「世界は自分の欲しい必要なものを含んでいるという確信」*9 につながるのです。

*9　D.W. ウィニコット著、猪股丈二訳『子どもと家族とまわりの世界（上）赤ちゃんはなぜなくの─ウィニコット博士の育児講義─』（星和書店、1985年）より

### 先輩ママはどうしてた？

- 「あそんでー」って言われて、本気のごっこあそびとかは無理、という気分の時、絵本を読んであげていました。
- 夜眠る前の読み聞かせ、なんだかんだ小学校卒業するまで続けてたよ。
- どんな絵本が気に入るかわからないので、まず図書館で借りてから厳選して買うことにしていました。

あそびのレシピ⑤ 絵本を楽しもう

# まずは読んであげることから!

ごく小さな赤ちゃんのうちから、読み聞かせは始められます。赤ちゃんが眠りに入る前、親子で共有できる大切な時間です。

子どもはくり返し、くり返し同じおはなしを読んでもらうのが大好きです。同じ結末に安心し、くり返されることで言葉をどんどん吸収していくのです。

絵本は聞いているだけの受動的な娯楽ではありません。ページをめくったり、絵本をたたいたり……。正しく順番通りに読まなくてもいいのです。親子で絵本を楽しむことが大切です。

子どもが何かに興味を持ったら、一緒にそのことについての本を見てみましょう。

| あそび 2 | 絵本から広がる世界 |

## 絵本は興味の種の宝庫！
**子どもの好奇心が熟するまで、じっくり待つことが大事**

絵本で世界はさらに広がります。絵本を通じて、子どもたちは音の世界に、何かを自分の手で作りたいという創作意欲に、あるいはともに演じる劇あそびにと、さまざまな世界へとそれぞれの興味の幅を広げていくのです。けれども、世界が広がるには時間を要するものです。子どもの知的好奇心を旺盛にするためには、シャワーのように刺激を与えるのではなく、ゆっくりと熟成の時期を見守ってあげてください。

### どんな意味があるの？

待つことが大事です。待てる状況の時には、ひと呼吸待ってみましょう。待てるものなら何呼吸でも待ってみましょう。子どもの反応がないように思える時、大人がたたみかけて話しかけたくなった時、ひと呼吸待つと子のほうから大人には思いもよらないことが出てくることがあります。そのおもしろさを知ると、待つことが楽しくなってくるでしょう。

### 先輩ママはどうしてた？
・絵本を読み聞かせするのが大好きな時期があって、よく観客になりました。
・どうして？ってところで泣き出して、びっくりしたことがあるよ。
・なぜかこのページが好き、っていうのがあって、ずーっとそこを見てました。

あそびのレシピ⑤ 絵本を楽しもう

# いつでも、どこでも
# 物語の世界へ！

何度読んでも子どもが必ず笑う絵本、というものがあります。本との幸せな記憶を持つ子は、大きくなっても自然と本を読む子に育つのです。

悲しいおはなしを読んだら子どもが泣いてしまった……。こんな経験もあるかもしれません。子どもは物語を通じて、登場人物に共感できる力を養っているのです。

一緒に歌ったり、言葉あそびをしたりできる絵本も楽しいですね。

たくさん広げる、という行為そのものも楽しいもの。
何冊も広げて、その世界に没頭している姿もよく見かけます。

# 絵本のおもしろさに出会うために

　子どもは絵本が大好きです。それでは、絵本の何がおもしろいのでしょう？　1つ目は、絵や色など（視覚）がおもしろいのです。だから、絵本に出会ったばかりの小さな子は、鮮やかな色やはっきりした形を好んだりします。2つ目は、音や言葉（聴覚）がおもしろいのです。「じゃあじゃあ」「わんわん」といったオノマトペ（擬声語）に敏感に反応しますし、パピプペポなどの破裂音も好きです。3つ目は、好きな動物や乗り物などが出てくるものに興味を持ちます。大好きなものが出てくると、何度でもくり返し「読んで」とリクエストしてくるものです。「どんな絵本を選んでいいかわからない」という質問をよく受けますが、特に0～1歳などの小さい年齢はこうした特徴がある絵本が気に入るようです。たくさんの種類の絵本がありますから、まずは図書館や子育て支援センターなどで手に取ってみましょう。きっと、気に入る一冊があると思います。

　4つ目は、物語のおもしろさです。2～3歳になってくるとだんだんとその傾向が出てきますが、子どもによって個人差がとても大きいです。そして、5つ目。何よりも大事なのが、やりとりのおもしろさです。絵本は、読み手とのやりとりが楽しいのです。けれども、「どう読んだら、子どもとうまくコミュニケーションできるのかわからない」という方も少なくありません。「読み聞かせ」と言いますが、小さい年齢はむしろ「読みあそび」と言ってもいいかもしれません。たとえば、いつも同じ場面で「はい、どうぞ」と絵の食べ物をあげるふりをするなど、絵本を介して、自由にやりとりして、あそぶような感じが子どもは大好きなのです。ただページをめくるだけがおもしろい、という子がいたら、うしろからめくってもいいのです。年齢が上がるにしたがって、ストーリーを最初から順を追ってじっくり読んでもらうことが好きになってきます。いずれの場合も、親子で楽しむことがポイントです。

## 6 あそびのレシピ

## 大人と一緒のあそび

> あそび1

# 赤ちゃんとあそぼう

## 赤ちゃんだってあそびたい!
### 簡単なことから赤ちゃんとの関わりを

赤ちゃんもあそびます。生まれたばかりの赤ちゃんが有能で主体的であることは、多くの研究で明らかになっています。まだ寝ているだけと思われるかもしれませんが、赤ちゃんとあそぶことは難しいことではありません。カナダの就学前の親プログラムのテキストには、赤ちゃんの様子を見て「赤ちゃんにならって、赤ちゃんがにっこりしたら、こちらもにっこりほほ笑み、赤ちゃんが声を出したら、話しかけてあげましょう」[*10]と紹介されていますが、そのような単純なことでいいのです。

### どんな意味があるの?

1年間で体重が3倍になる0歳児の時期は、からだ以外の発達成長にも驚異的なものがあります。カナダには「今、子どもに1ドルを惜しむと、将来7ドル分世話の焼ける大人ができる」[*11]という言葉があります。発達のめまぐるしい赤ちゃんへの関わりは100ドル、1000ドル分以上の価値があるでしょう。

あんよかわいいね〜

[*10] カナダ・公衆衛生局著、Nobody's Perfect Japan(原田正文代表)監修、幾島幸子訳『【完ぺきな親なんていない】子どもの感情・親の感情──子どもの気持ちにどうこたえてあげたらいいの?』(遠見書房、2010年)より

[*11] 泉千勢編著『なぜ世界の幼児教育・保育を学ぶのか──子どもの豊かな育ちを保障するために』(ミネルヴァ書房、2017年)より

### 先輩ママはどうしてた?

- お父さんの顔を見ると泣く時期があって、困ったけど、めげずにあそび続けました!
- 赤ちゃんが笑うと、こっちももれなく笑える。いつも笑わせようとしてました。
- よくオリジナルの(適当な)歌を歌いながら、あそびました。

あそびのレシピ⑥ 大人と一緒のあそび

# 赤ちゃんの目線であそぶ

ハイハイする赤ちゃんと追いかけっこ。自分と同じ格好で追いかけてくる大人の姿に赤ちゃんは大喜び。どんどん動いて、身体能力が育まれます。

いないいないばあー、はどんな赤ちゃんも大好きなあそび。手を離したら、必ず笑顔が出てくるこのあそびを通じて、赤ちゃんは親への信頼感を築いていきます。

## 赤ちゃんに応じて"自分流"で

赤ちゃんとのあそび方に決まりはありません。それぞれの親御さんが、その時々の赤ちゃんの様子に応じて、"自分流"であそんでみましょう。人差し指をふと握られたら、そっと持ち上げてみたり、おでこにフーッと息を吹きかけてみたり……。赤ちゃんからは時に、思いもかけない反応が返ってきて、大人にとってもとても楽しいものなのです。

## あそび 2 「ふれあう」あそび

### とにかく子どもにふれて!
### 大人が「そこにいる」ことを、五感で感じてもらう

赤ちゃんは五感を通して学びます。大人の顔が近づいてきて、大好きな声が聞こえて、馴染んだ匂いがして……。くり返しのふれあいあそびが、赤ちゃんにとって満ち足りた楽しい時間となるのです。常に大はしゃぎしなくても、おむつを替える時におなかをさすったり、お顔を拭く時に「〇〇ちゃんのお口を拭きましょう♪」など即興の歌を歌ったり、手をつないだり、眠る時にトントン背中をたたいてあげたり、痛いところをさすってあげたりすることも、心地のよいふれあいです。

### どんな意味があるの？

子どもはかわいいけれど、いつも全力で相手をすることは難しいものです。楽しませることが大事なのではありません。イギリスの小児科医ウィニコットは、大人の重要な役割は何かをすることではなく「そこにいる」*12 ことであると述べています。変わらずいてくれて呼応関係を持てる相手から、五感を通して安心感、自己肯定感を得、社会への興味・関心を広げるのです。

*12　D.W. ウィニコット著、北山修監訳『小児医学から児童分析へ』(岩崎学術出版社、1989 年)

### 先輩ママはどうしてた？

- 一緒にお昼寝が何よりの幸せ。これもふれあいですよね？
- 「抱き癖が〜」と言われても気にせず、よく抱っこしてたので、たくさんふれあいました。
- 外から帰ってきて子どもとお風呂。最高にかわいくて、癒やされました。

あそびのレシピ⑥ 大人と一緒のあそび

# 「ふれる」ことは、愛情を伝えること！

お父さんの背中に乗ってあそぶ「おうまさんごっこ」。大人にとっては、なかなかにハードなあそびですが、子どもは大満足です。

お風呂はいちばん手軽にスキンシップができる場所。日頃、あまり育児に携われない、という方はぜひ、この時間を利用して子どもたちとふれあってください。

高い高いも赤ちゃんが大好きなあそびのひとつ。小さな赤ちゃんはやさしく上げ下げしましょう。

## ちょっとだけお手柔らかに

お母さんのあそびよりもちょっと大胆で、ワクワクさせられるお父さんとのあそび、子どもはみんな大好きです。ですから、ぜひ、どんどんあそんであげてください。ただし、時に大胆すぎてドキッとさせられることもあります。手加減しつつ、あそんでください。

# 「手あそび」が大好き!

これからこちょこちょされるドキドキ、お父さん、お母さんとのふれあい、楽しいリズム……。昔ながらの手あそびには、赤ちゃんの心を引きつける要素がたくさん詰まっています。

いっぽんば〜し、こ〜ちょこちょ〜♪

アールーブース、いちまんじゃ〜く〜♪

歌を歌い、手を動かすあそびは、脳の発達にもいい刺激を与えてくれます。どんどん速くしていって一緒に楽しみましょう。

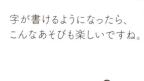

字が書けるようになったら、こんなあそびも楽しいですね。

指ずもうも、年齢を問わず楽しめるあそびのひとつです。

あそびのレシピ⑥ 大人と一緒のあそび

# 外あそびでもスキンシップ

戦いごっこが好きな子もたくさんいますね。おすもうはスキンシップも兼ねたいいあそびになります。

広い芝生の斜面をただ駆けおりる、それだけのことも子どもは全身で楽しみます。おりた先でお父さん、お母さんが抱きしめてくれたら、楽しさも倍増です。

## あそび3　「まねっこ」あそび

### こんなことどうして真似するの!?
**真似したい＝学びたい! 子どものアクティブ・ラーニングの第一歩**

言葉やしぐさなど、思わぬところを子どもに真似されて、驚いたり笑ったりしたことはありませんか。大人の側では教えるつもりもなかったことを、子どもが真似て学んでいる、その見事な学習能力には驚かされるばかりです。その背景には、大人のようになりたいというあこがれの気持ちがあります。真似してほしいところを真似してくれるとは限りませんが、一緒のことをするよろこびを大人も満喫していると、成長したいという子どもの意欲も高まります。

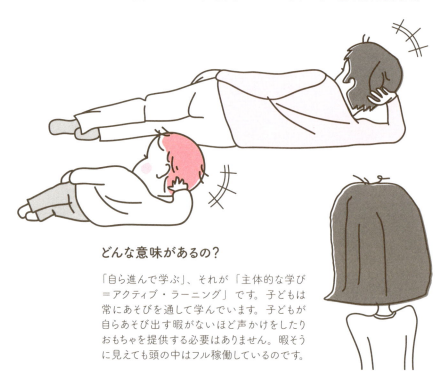

### どんな意味があるの?

「自ら進んで学ぶ」、それが「主体的な学び＝アクティブ・ラーニング」です。子どもは常にあそびを通して学んでいます。子どもが自らあそび出す暇がないほど声かけをしたりおもちゃを提供する必要はありません。暇そうに見えても頭の中はフル稼働しているのです。

### 先輩ママはどうしてた?
・子どもって本当にまねっこ。それがおもしろくて、よく笑いました。
・へんなことほど真似するから、びっくりしっぱなし。
・台所でおままごとをする時は、危なくないよう、いつも気をつけてました。

あそびのレシピ⑥ 大人と一緒のあそび

まだ字も読めないのに、お姉ちゃんの真似をして本を読むふり。こうやって、本にも親しんでいきます。

子どもは本当に台所でのおままごとが大好きです。危険なことにはくれぐれも注意して、可能な限り、楽しませてあげましょう。

## メイクと子ども

最近は「キッズメイク」といって、子ども用のメイクアップ商品なども販売されているようです。けれども、化粧品には化学物質が含まれている場合が多く、小さな子どもの肌には負担となります。いらなくなったコンパクトをきれいに洗って子ども用にしてあげるなどして、お母さんの真似をしたい子どもの気持ちは尊重しつつ、本物の化粧品を使うことなく、あそんであげましょう。

### あそび4 「お手伝い」をあそびに

## 子どもだって一人前!
### 家庭で役立つ存在と認識することが、自己肯定感を育む

「まねっこ」で多くを学んだ子どもたちは、やがて生活の主役となっていきます。まだできないことは多いけれど、自分なりに生活に参画して家族の一員としてやっていきたいと思うようになるのです。ですから、たとえ「お手伝い」といっても、本当は自分が「主役」。大人の生活に子どもを「入れてあげる」のではなく、子どもを交えた「新しい家族」の形ができると思って小さな主役に働いてもらいましょう。子ども用のお掃除グッズを用意するなど、大人が何気なくしている工夫が子どもを育てます。

きょうはおそうじしてあげるね!

**どんな意味があるの?**

「じぶんで!」「いやー!」が多い時期、子どもは生活の主役としてがんばろうとしているのです。身辺自立も子どもがやりやすいように帽子やカバンを手の届く位置に置くなど、参画できるような小さな工夫が、子どもの自己肯定感を高めていきます。

**先輩ママはどうしてた?**

・「お風呂はやってね」など、一度お願いしたら、汚れが気になっても仕上げはせず、任せるように心がけました。
・野菜の下ごしらえなど、本当に助かりますよ!
・洗い物を任せる日は、割れたら困る大事なお皿ははじめから使いません!

あそびのレシピ⑥ 大人と一緒のあそび

子どもが使う洗面台や台所の近くには、踏み台を置きましょう。

トウモロコシやタマネギの皮むき、グリーンピースのさや取りなど、ちょっとしたお手伝いをしてもらうと、本当に家事も楽になります。

ぞうきんを使うのもいいですね。ぜひ、拭き掃除を手伝ってもらいつつ、教えてあげてください。握力もつきますよ！

お風呂掃除は、水あそびと似ているせいか、子どもが楽しみながらできるお手伝いのひとつです。

**あそび 5** # おじいちゃん、おばあちゃんとあそぶ

## じいじ、ばあばっておもしろい!
### 両親とは異なる価値観、異なる生活様式にふれる

子どもたちはおじいちゃん、おばあちゃんから多くのことを学びます。血のつながった祖父母だけではなく、お隣に住むおじいちゃんやお店屋さんのおばあちゃんなど多くの人との出会いが子どもを成長させます。親とは異なる時代・環境に生まれ育った大人は、当然ながら親とは違う生活様式を持っています。多様な暮らし方、考え方にふれることが、子どものよい刺激となるのです。

### どんな意味があるの?

地縁・血縁社会の中での子育てが難しい状況が多くあります。親以外の大人と身近に深く関わる機会は貴重です。生の人間の生活の姿が子どもに見えにくくなっています。人生の先輩から何かを教えてもらうだけでなく、居眠りをしたり、ふと物忘れをしたりと、生の姿を見せてともに過してくれることで、生きた人間の生活を感じることができるのです。

おばあちゃん、すごーい!

### 先輩ママはどうしてた?

- うちのおばあちゃんは、あやとりがうまい! 帰省するとずーっとふたりであやとりしていました。
- うちは2世帯同居。親だけだとつい厳しくなりすぎる時、いいクッションになったようです。
- 平日の夕飯はおばあちゃん任せ。おかげで、すっかり和食党の子に。

あそびのレシピ⑥ 大人と一緒のあそび

コマやお手玉などの昔あそびは、一緒にあそんでくれる大人がいると、ぐんぐん上達します。

なかなか会えない時は、電話をしてみましょう。異なる年齢の人との会話で、コミュニケーション能力を鍛えられるものです。

すごいのびるね〜

年をとるってどんなことかな？教えられなくても、体感し、他者への関心から思いやりの気持ちも育まれます。

> あそび6

# 街を見に行こう!

## 街は子どもたちの教科書!
### 学ぶべきことと魅力にあふれた街を楽しもう

工事現場、踏切、お店……、街は子どもたちの教科書。危険や社会のルールなど、大人が教えたいものも多くあります。けれども、街が覚えるべき、守るべきルールばかりの場ではつまらなくなってしまいます。大切なことは教えながらも、子どもの意見も聞いてみましょう。「けいちゃんね、あの電車乗ってお空行くの」といった子どもの空想にも耳を傾けながら、「ここで止まらないといけないんだよね」と、子どもが自分なりに理解をする手助けをしてください。

### どんな意味があるの?

年長の子どもたちが地図を描く時期があります。論理的な思考を身につけ始めた子どもが、「自分の地図」を作っているのです。実際に自分が暮らす街も、ただ受け身で教えてもらうだけでなく、主体的に関わりを持って入っていく「自分の街」であるといいですね。

### 先輩ママはどうしてた?

- うちの子は大の電車好き。何時間もずーっとつき合わされたことも……。
- うちの近所には横断歩道がない! 小学校に上がる前に、と思って街に連れていきました。
- 「あそこにネコちゃんいるね」など、大人が気づかなかった発見がありました。

あそびのレシピ⑥ 大人と一緒のあそび

横断歩道の渡り方も、だんだんと覚えていきます。はじめは大人がきちんとつき添ってあげましょう。

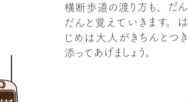

降車ボタンを押すのもドキドキ、ワクワク。特別な目的がなくても、子どもとバスに乗るだけで楽しい一日になります。

図書館で本を借りるのも楽しいものです。最近は、読んだ本を記録する「読書通帳」のサービスも広がり、子どもが楽しみやすい仕組みが整っています。

小学校ってこんなとこなんだー。大きなお兄さんお姉さんの迫力にびっくり。

## あそび7 季節の行事を楽しもう

## どの行事も「我が家流」!
### 決まりごとに縛られずに、気楽に伝統を楽しむ

日本には昔からの季節の行事や、子どもの成長を願う伝統行事がたくさんあります。節目節目の行事には先人の知恵や工夫があり、生活を整え豊かにしてくれます。親は子に多様な経験をさせたい、特に子どもに関する行事ではできるだけのことをしてあげたいと願いますから、それができない時には哀しい気持ちになるかもしれません。しかし、日常生活でさえワンオペと言われる現状、季節の行事を家庭で行うのは容易なことではありません。行事はノルマではありません。かたちにとらわれずに、我が家流を楽しんでください。

### どんな意味があるの?

自分が暮らす地域に根ざした伝統を学ぶことには大きな意味があります。そして何よりも、大人が四季折々の暮らしを楽しみ、子どもとともにいることを楽しむ時、子どもも生きることをよろこび、自己肯定感を向上させます。「自分を大切にできるとき、親はいっそう子どもを大切にする」*13 ことができる、とカナダでは親のためのプログラムに力が入れられています。

おにはー、そと!!

*13 NPO法人子ども家庭リソースセンター編、向田久美子訳『ノーバディズ・パーフェクトシリーズ⑤ PARENTS／親』(ドメス出版、2002年)より

### 先輩ママはどうしてた?

・豆まきはあとの掃除が大変すぎ。市販の小分けパックのまま「鬼は一外!」してもらってます。
・うちは狭くて雛人形を置く場所がないので、毎年一緒に折り紙のお雛さまを折っています。

あそびのレシピ⑥ 大人と一緒のあそび

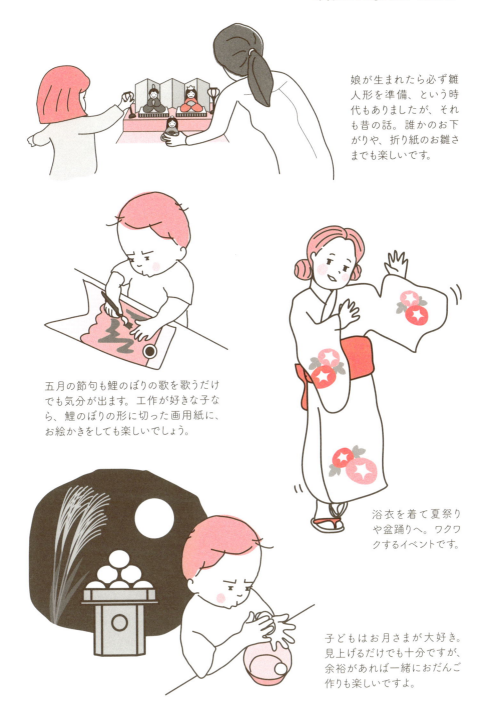

娘が生まれたら必ず雛人形を準備、という時代もありましたが、それも昔の話。誰かのお下がりや、折り紙のお雛さまでも楽しいです。

五月の節句も鯉のぼりの歌を歌うだけでも気分が出ます。工作が好きな子なら、鯉のぼりの形に切った画用紙に、お絵かきをしても楽しいでしょう。

浴衣を着て夏祭りや盆踊りへ。ワクワクするイベントです。

子どもはお月さまが大好き。見上げるだけでも十分ですが、余裕があれば一緒におだんご作りも楽しいですよ。

## コミュニケーションの大切さ

　人が生きていくうえで、コミュニケーション力はとても大切な能力となります。コミュニケーション力を養うためには、赤ちゃんの時から、人との関わりの楽しさを実感することが重要です。赤ちゃんはその表情の他に、泣いたり、手をバタバタさせたりするなど、さまざまな方法で自分の思いを表現して他者とコミュニケーションしようとしています。つまり、赤ちゃんが自らつながりを求めているのです。それに対する大人の関わり方が大切です。赤ちゃんは自分の思いに温かく、共感的に接してくれる他者との関わりを通して、思いやりや協働する力といった非認知能力であるコミュニケーション力の根っこを育てていくのです。

　特に、スキンシップ（身体接触を伴った関わり）が重要だとたくさんの研究が示しています。アメリカのNICHD（国立小児保健・人間発達研究所）の調査でも、微笑みかけたり、抱きしめたりといったポジティブな態度や身体接触、子どもの発声や発話に丁寧に応答するといったポジティブな養育の重要性が取り上げられています。

　さらに、子どもにとって重要なのは、母親からの関わりだけではありません。周囲の多くの人たち、とりわけ父親からの子育てへの積極的な関わりは、母親のQOL（人生の満足度）を高め、子どもの言語能力やコミュニケーション力、やり抜く力などを高めるという研究もあります。

　また、ヒトの子育ては本来、群れの中でなされていたもので、祖父母や親戚、知り合いなど、多くの人が関わることも重要です。当然、赤ちゃんのうちから、同年代・異年齢の子どもとの関わりの中で育てることも大切なので、親子が集う場や公園、保育園などに連れていくことも必要なのです。

おわりに

# 「うちの子はうまくあそんでくれない」という親子へのメッセージ

　この本では、さまざまなあそびをご紹介してきました。でも、ご家庭によっては「うちの子はそんなふうにあそばない」「試してみたけどだめだった」ということがあるかもしれません。この「おわりに」ではそのことを少しだけ考えてみましょう。

## アクティブにあそばない子

　もう一度、何気ない場面をよく見てみてください。一見、あそんでいるように見えない子が、実はあそんでいることがあるのです。じっと見ているだけではつまらないのでは、と大人は心配するかもしれませんが、見ていることで、そのあそびに参加していることもあるのです。からだはアクティブに見えなくても、心は活発に動いていることだってあるのです。そうやって静かに関わるタイプの子もいるのです。

## 疲れている子

　疲れているだけの子もいます。習い事が多すぎるなど、刺激が次から次へと与えられる環境だったりすると、疲れてしまってあそばないということがよくあります。乳幼児期はあそびの中で頭が活発に動いています。それに加えて、次から次へと刺激を与えてしまうことは、実はとても疲れることなのです。

## 生活リズムが乱れている子

　生活リズムが整っていないと心身ともにすっきりとせず、あそばないこともあります。まずは、できるだけ寝る時間、起きる時間を整えていくことが大切です。生活リズムが整うことで、食べる意欲も増し、あそびへの意欲も出てくる子もいます。

## 親子が消耗している場合

　あそび以前の「生活」に親子が消耗している時もあります。夜泣きが激しい、偏食で少食、新しい場所でおびえたように泣き叫び、お風呂も着替えも大騒動──。そんな時でもフッと気持ちが通じて笑えるようなことや、子どもが何かに熱中して楽しそうにしている時間があれば、親は救われます。しかし、そのような時間がほとんどなく、子どもが一日中怒っていたり、泣いていたり、辛そうに見える時もあります。そんな時こそ、親には仲間や支援してくれる人が必要です。誰かが一緒に過ごしてくれれば、少し余裕が生まれます。大変な時に一緒に過ごしてくれる人はなかなか見つかりません。でもあきらめないでください。見つかった時、その人はあなたの最強のパートナーや友人となるでしょう。

## 子どものタイプは多様

　子どもの個性やタイプはさまざまです。この本にあるあそびにうまく乗ることが多い子もいれば、そうでない子もいます。自分でどんどんあそぶ子もいれば、親がつきっきりでないとなかなかあそばない子もいる

## おわりに

でしょう。からだを動かすあそびは好きだけれど、じっとしてあそぶのは苦手という子もいます。その逆もあるでしょう。誰ひとり同じ子はいないのだから、当然のことです。だから、この本の通りにあそばないからといって、あまり焦らないでください。この本になくてもその子の好きなあそびがあれば、そこからでいいのです。次第に興味・関心の世界は広がっていきます。その子に合うあそび方があります。ぜひ、それぞれの子どもに合ったあそびを探してみてください。

そもそも、ここに載っているあそびがいっぱいできれば万事OKということではありません。その子が、ワクワクして、楽しく没頭できるあそびがあることが重要なのです。そして、この「あそびができたから、非認知能力が育ち、将来にもよい効果がある」というほど単純なことでもないのです。大切なのは、あそびを通して現在の時間を幸せに過ごすことが、おのずと一歩先の幸せを生み出し、その子が生きていく重要な根っこになっていくという考え方なのです。

ですから、あまり重たく考えず、その子とちょっとでも楽しく幸せな時間を作ることが大切と考えてみてはいかがでしょう。振り返ってみると、あっという間に終わってしまうかけがえのない乳幼児期時代。その時代を親子の幸せな時間にしていただければと思います。この本はそのような幸せな時間を形成するためのちょっとしたお手伝いにと思って作りました。ぜひ、そんなふうに活用していただければ、幸いです。

2019年5月

大豆生田 啓友・千夏

# 子育てをもっと豊かにするために
おすすめのあそび場、本など

### 子育て支援センター・子育てひろば・保育園

乳幼児の一番身近な室内の遊び場は、「子育て支援センター」です。どこの自治体にもあります。地域によって、「地域子育て支援拠点」「子育てひろば」など、さまざまなタイプがあります。親子がいつでもふらっと行って、自由に過ごせる居場所です。しかも、専門のスタッフや、先輩ママなどに相談できる場でもあり、地域の子育て情報も豊かです。専業主婦家庭だけでなく、仕事を持つお父さん・お母さんの育児休暇期間にも活用したい場です。地域によっては、保育所や認定こども園、幼稚園などが園庭開放をしている場合も。ぜひ、活用したいものです。

### プレーパーク（冒険あそび場）

ダイナミックなあそびを体験するなら、「プレーパーク（冒険あそび場）」。昔の子どもがやっていたような木のぼりや穴掘り、たき火などができる自由なあそび場です。小学校以上の子を対象とした施設が多いですが、乳幼児にも開放されていることもあります。ただ、どこの地域にもあるわけではないので、近くにあるかどうか、探してみましょう。
● NPO法人日本冒険遊び場づくり協会　http://bouken-asobiba.org/

### 穴場の公園やキャンプ場

地域の公園には、ほとんど遊具もなくて、魅力的ではないところもあります。でも、よく探してみると、大きなすべり台があったり、築山があったりなど、魅力的な場がそれぞれの自治体にあるものです。自然公園のような場では、季節の草花が植えてあったり、ザリガニなどの生き物がいたりと、子どもにとって最高に楽しい場所もあります。また、近くにキャンプ場などがあれば、デイキャンプもおすすめです。豊かな自然の中で、一日存分に楽しめます。そうした地域のあそび場を探すうえで、参考になるのは、地域の

あそび場マップです。地域によっては、あそび場マップのほか、親子のお出かけマップなど、さまざまな種類が作成されている場合があります。地域のイベント情報などもあれば、なお参考になります。ぜひ、活用しましょう。

## 動物園・水族館

子どもたちは動物や生きものが大好き。一日中でも過ごせてしまいます。体験プログラムもおすすめです。ぜひ、活用したいものです。

## 図書館・絵本専門店

いま、図書館も子どもたちを呼ぶことに力を入れています。絵本に詳しい司書がいる図書館もありますし、また、絵本の読み聞かせなどをやっている場合もあります。絵本はたくさんある中から手に取って見てみることが大切です。ぜひ、お近くの図書館に足を運んでみましょう。また、地域によっては、絵本の専門店があります。選りすぐりの絵本が置かれていて、親子で楽しく絵本選びができます。ぜひ、探してみましょう。

## おすすめの子育て本

- 柴田愛子著『とことんあそんで　でっかく育て』(世界文化社、2019年7月刊行予定)
- 大日向雅美著『おひさまのようなママでいて』(幻冬舎、2015年)
- NPO法人 子ども家庭リソースセンター編『ノーバディズ・パーフェクト　シリーズ①～⑤(からだ・安全・こころ・行動・親)』(ドメス出版、2002年)
- 大豆生田啓友著『子育てを元気にすることば——パパ・ママ・保育者へ。』(エイデル研究所、2017年)
- 大豆生田啓友著『マメ先生が伝える　幸せ子育てのコツ——今がつらいママたちへ』(赤ちゃんとママ社、2014年)
- 大豆生田啓友著『子育てを元気にする絵本』(エイデル研究所、2019年7月刊行予定)

［著者］
**大豆生田 啓友**（おおまめうだ・ひろとも）

玉川大学教育学部教授。1965年、栃木県生まれ。専門は、乳幼児教育学・子育て支援。青山学院大学大学院教育学専攻修了後、青山学院幼稚園教諭などを経て現職。日本保育学会副会長、こども環境学会理事。NHK Eテレ「すくすく子育て」をはじめ、テレビ出演や講演活動など幅広く活動中。『子育てを元気にすることば』（エイデル研究所）、『マメ先生が伝える 幸せ子育てのコツ』（赤ちゃんとママ社）ほか多数の著書がある。

**大豆生田 千夏**（おおまめうだ・ちか）

臨床心理士、公認心理師、精神保健福祉士。長年子育て相談に関わる。親を指導するのではなく、親自身の力を認めファシリテーションすることを第一とし、カナダで生まれた未就学児の親のための「ノーバディズ・パーフェクト（NP）プログラム」（子ども家庭リソースセンター）や「赤ちゃんと創るわたしの家族（FS）プログラム」（子どもと家族支援研究センター）を行っている。

---

非認知能力を育てる あそびのレシピ
0歳〜5歳児のあと伸びする力を高める　　　こころライブラリー

2019年6月25日　第1刷発行
2020年4月6日　第7刷発行

著　者　大豆生田 啓友
　　　　大豆生田 千夏

発行者　渡瀬昌彦
発行所　株式会社 講談社
　　　　〒112-8001　東京都文京区音羽2-12-21
　　　　電話　編集　03-5395-3560
　　　　　　　販売　03-5395-4415
　　　　　　　業務　03-5395-3615

印刷所　株式会社新藤慶昌堂
製本所　株式会社若林製本工場

装丁・ブックデザイン　島内泰弘デザイン室
イラスト　島内泰弘
編集協力　久保恵子

©Hirotomo Omameuda, Chika Omameuda 2019, Printed in Japan

定価はカバーに表示してあります。
落丁本・乱丁本は購入書店名を明記のうえ、小社業務あてにお送りください。
送料小社負担にてお取り替えいたします。なお、この本についてのお問い合わせは、第一事業局学芸部からだとこころ編集あてにお願いいたします。
本書のコピー、スキャン、デジタル化等の無断複製は著作権法上での例外を除き禁じられています。
本書を代行業者等の第三者に依頼してスキャンやデジタル化することは、たとえ個人や家庭内の利用でも著作権法違反です。

ISBN978-4-06-516199-9　　N.D.C.376 127p 21cm